# Die Wirkungen

der

# Konfusion

## nach Römischem Rechte

und dem

## Rechte des Bürgerlichen Gesetzbuches.

Von

**Dr. Eduard Sachs,**
Kammergerichtsreferendar.

Berlin SW 48.
Wilhelmstrasse 119/120.
**J. Guttentag, Verlagsbuchhandlung,**
G. m. b. H.
1898.

Meinen Eltern.

# Inhalt.

# Litteratur.


Arndts, Pandekten. 13. Aufl. Stuttgart. 1886.

Bachofen, Das römische Pfandrecht. Bonn. 1847.

Bähr, Gegenentwurf zum Entwurf des B.G.B. für das Deutsche Reich. Kassel. 1892.

Baron, Die Gesamtrechtsverhältnisse im römischen Recht. Marburg. 1864.

Becker in der Zeitschrift für vergleichende Rechtswissenschaft. Band II, S. 44 ff.

Bremer, Das Pfandrecht und die Pfandobjekte. Leipzig. 1876.

Brinz in Kritische Blätter. Band IV, S. 1.

Büchel, Civilrechtliche Erörterungen. Band I. Marburg. 1832.

Buchka, Die Hypothek des Eigentumers. Wismar. 1875.

Budde, Entscheidungen des O.A.G. Rostock. Band VII.

Cujacii opera. Neap. 1758, 1763.

Denkschrift zum Entwurf eines Bürgerlichen Gesetzbuchs. Dem Reichstag vorgelegt. Berlin. J Guttentag. 1896.

Dernburg, Pandekten. Berlin. 5. Aufl. 1896

" Das Pfandrecht. Leipzig. 1860, 1864.

" Lehrbuch des Preufsischen Privatrechts. 5. Aufl. Halle. 1894.

Entscheidungen des Reichsgerichts in Civilsachen. Leipzig. (E.R.G.)

Entscheidungen des Geheimen Ober-Tribunals. Berlin.

Fritz im Archiv fur civilistische Praxis. Band VIII, S. 290 ff.

Fischer, Das Sachenrecht des Entwurfs eines B.G.B. Berlin, J. Guttentag. 1896.

Fitting, Die Natur der Correal-Obligation. Erlangen. 1859.

Foerster-Eccius, Theorie und Praxis des heutigen gemeinen Preufsischen Privatrechts. 7. Aufl. Berlin. 1896.

Franke, Civilistische Abhandlungen. Göttingen. 1826.

Friedmann, Die Wirkungen der Konfusion nach römischem Recht. Inaug.-Dissert. Greifswald. 1884.

Gierke, Personengemeinschaft und Vermögensinbegriff in dem Entwurf eines B.G.B. (Bekker und Fischer, Beiträge Nr. 18). Berlin, J. Guttentag. 1889.

Girtanner, Die Bürgschaft nach gemeinem Civilrecht. Jena. 1851.

Glück, Ausfuhrliche Erläuterungen zu den Pandekten nach Hellfeld.

Goldschmidt in Iherings Jahrbuchern fur Dogmatik. Band 26, S. 351 ff.
Hartmann in Iherings Jahrbuchern fur Dogmatik. Band XVII, S. 105: Über Rechte an eigener Sache.
Hasenbalg, Die Bürgschaft des gemeinen Rechts. Düsseldorf. 1870.
Ihering in seinen Jahrbuchern für Dogmatik Band X, S 447 ff.
Jakubezky, Bemerkungen zu dem Entwurf eines B G.B. fur das Deutsche Reich. 1892.
Koch, Das Recht der Forderungen 2 Aufl. Berlin. 1860
Kohler, Abhandlungen aus dem gemeinen und französischen Civilrecht. Mannheim 1883. S 295.
Kohler in Annalen der Badischen Gerichte. Band 43.
„ Pfandrechtliche Forschungen. Jena. 1882.
Kretschmar, Secum pensare. Giefsen. 1886.
Kuntze, Die Obligation und die Singularsuccession. Leipzig 1856.
Mosler, Zur Lehre von der Konfusion nach gemeinem römischen Rechte und dem Rechte des B.G.B. Jnaug.-Dissert. Berlin. 1897.
Motive zu dem Entwurfe eines Bürgerlichen Gesetzbuches. Berlin. 1888.
Planck, Kommentar zum B.G.B. in Verbindung mit Achilles, André, Greiff, Ritgen und Unzner. Berlin. J. Guttentag. 1896 ff. Lieferung 1—5.
Protokolle der Kommission für die zweite Lesung des Entwurfs des B.G B, bearbeitet von Achilles, Gebhard, Spahn. Berlin. J Guttentag. 1897 ff Band I, IV, V; die noch nicht erschienenen Teile eingesehen in der metallographierten Ausgabe der Reichstagsbücherei.
Puchta, Pandekten. 12. Aufl. Leipzig. 1877
„ Kursus der Institutionen. 10. Aufl. Leipzig. 1893.
„ Vorlesungen uber das heutige römische Recht. 5. Aufl. 1863.
Ribbentrop, Zur Lehre von den Correalobligationen. Göttingen. 1831.
v. Savigny, System des heutigen römischen Rechts. Berlin. 1840 ff.
„ Das Obligationenrecht als Teil des heutigen römischen Rechts Berlin. 1851.
v. Scheurl, Beitrage zur Bearbeitung des romischen Rechts. Erlangen. 1852, 1854.
Schott in Iherings Jahrbüchern für Dogmatik. Band XV, S 47 ff.
Schwedler, Das Erlöschen der Schuldverhaltnisse durch Vereinigung von Recht und Verbindlichkeit nach burgerlichem Recht. Halle a S. 1897.
Seuffert, Archiv fur Entscheidungen München.
Sintenis, Pfandrechtliche Streitfragen. Halle. 1835.
Sohm, Die Lehre vom subpignus. Rostock. 1864.
Stammler, Das Recht der Schuldverhältnisse in seinen allgemeinen Lehren Studien zum B.G B. Berlin, J. Guttentag. 1896.
Steinlechner, Das Wesen der juris communio Innsbruck 1878.
v. Vangerow, Lehrbuch der Pandekten. 7. Aufl Marburg und Leipzig. 1869.
Wieszner, Das Pfandrecht an eigener Sache. Inaug.-Diss. Breslau. 1893.
Windscheid, Lehrbuch des Pandektenrechts. 7. Aufl. Frankfurt a. M. 1891.

# Einleitung.

## § 1. Abgrenzung der Abhandlung.

Den Ausdruck confusio gebrauchen die Quellen in verschiedener Bedeutung. Einmal in der ursprünglichen des Zusammengiefsens zweier Flüssigkeiten oder des Zusammenschmelzens von Metallen, also flüssig gemachten Objekten verschiedener Eigentümer. Sie bezeichnen dann auch die Art des Eigentumserwerbs durch diese Vereinigung selbst als confusio.

Sodann wenden sie den Ausdruck aber auch an in der übertragenen Bedeutung des Zusammentreffens von Recht und Pflicht in einer Person. Die Konfusion als Eigentumserwerbsart, der Fall der Akzession,[1]) scheidet hier von der Betrachtung gänzlich aus.

Aber auch unter der Bezeichnung confusio im übertragenen Sinn fassen die Quellen noch zwei verschiedene Institute zusammen, die nur den Namen mit einander gemein haben, deshalb auch lange Zeit hindurch als zusammengehörig aufgefafst wurden. Heute ist allgemein anerkannt, dafs ein Unterschied in den Voraussetzungen und Wirkungen zwischen beiden besteht.

1. Das Zusammenfallen von Berechtigung und Verpflichtung, der beiden entgegengesetzten Seiten eines Schuldverhältnisses, in einer Hand:

a) von derselben Beschaffenheit: Hauptgläubiger und Hauptschuldner;

b) von verschiedener Qualität: Hauptgläubiger und Bürge — und ebenso bei dinglichen Rechten von Berechtigung und Belastung (Eigentum und Servitut oder Pfandrecht): die eigentliche Konfusion.

---

[1]) *Dernburg*, Pand. I, § 210.

2. Andererseits das Zusammenstoſsen von Berechtigung und Berechtigung oder von Verpflichtung und Verpflichtung, also zweier demselben Schuldverhältnis angehörigen koordinierten Faktoren gleichen, nicht entgegengesetzten Inhalts, in einer Person. Auch hier

a) gleichen Ranges: mehrere Korrealforderungen oder mehrere Korrealschulden —

b) verschiedenen Ranges: Hauptschuld und Bürgschaftsschuld kommen zusammen. Man nennt diesen Vorgang die unechte Konfusion, auch uneigentliche.

# I. Abschnitt. Echte Konfusion.

## § 2. Begriffsbestimmung.

Das Zusammenfallen von Recht und Pflicht tritt sowohl bei obligatorischen als auch bei dinglichen Rechtsverhältnissen ein (§ 1).

Konfusion ist nämlich das volle Zusammentreffen der beiden entgegengesetzten Faktoren desselben Rechtsverhältnisses in einer Person aus einem unwiderruflichen Rechtsgrund.[1])

In seinen Wirkungen äufsert sich dies entsprechend der gleichen Voraussetzung auch gleich bei beiden Gruppen der Rechte. Der Rechtsgrund ist der gleiche in beiden Fällen,[2]) wiewohl sie durch einen grofsen Wesensunterschied getrennt erscheinen und allgemein gelten. Die Verbindung liegt in der Erwägung, die am treffendsten *Windscheid* formuliert: [3]) „Auch die dinglichen Rechte haben eine persönliche Richtung, die nicht übersehen werden darf. Wenn ihr unmittelbarer Gegenstand die ihnen unterworfene Sache ist, so ergreifen sie mittelbar auch den Willen der ihnen gegenüberstehenden Personen." [4])

Also auch die dinglichen Rechte setzen einen Berechtigten und einen Verpflichteten voraus. Obgleich sowohl das Eigentum als auch die Servitut Rechte darstellen, ist das Recht des Eigentümers doch durch die Berechtigung des Servitutberechtigten beschränkt und stellt sich der Servitut gegenüber als Verpflichtung

---

[1]) Vgl. dazu A. L. R. I, 16 § 478: Zu einer solchen Vereinigung wird ferner erfordert, dafs bei ihr das Recht und die Verbindlichkeit aus einem unwiderruflichen Rechtsgrunde zusammenkommen.

[2]) Ebenso *Friedmann*, S. 3; *Mosler*, S. 6 und *Schwedler*, S. 92.

[3]) Pandekten I, § 43 A. 1 und 4.

[4]) Dagegen *Förster*, Preufsisches Privatrecht, IV. Aufl., Band III, § 184, S. 337, von *Eccius* in der neuen Aufl. gemildert. Richtig dazu *Mosler*, S. 6.

dar.[1]) So ist auch hier ein Subjekt, das zu fordern, ein anderes, das zu leisten hat. Dies obligatorische Element der dinglichen Rechte bewirkt die Gemeinsamkeit der Wirkung der Konfusion.

In beiden Fällen stofsen also die beiden zum Bestehen des Rechtsverhältnisses notwendigen Seiten zusammen und heben sich dadurch auf. Denn Niemand kann Rechte gegen sich selber ausüben oder gleichzeitig sein eigener Gläubiger und Schuldner sein.

Das Wort confusio bedeutet aber im Sprachgebrauch der Quellen und der modernen Litteratur nicht blofs das Zusammentreffen von Recht und Pflicht, sondern auch bereits die Wirkung hiervon: den Untergang des Rechtsverhältnisses. Das tritt z. B. hervor in den häufigen Wendungen: servitus, obligatio confunditur oder: „dann tritt Konfusion ein." Hieraus ist zu folgern, dafs Zusammentreffen und Untergang für das instinktive juristische Empfinden ein Vorgang zu sein scheint und sich nachträglich erst logisch die beiden Vorgänge sondern, der Untergang sich als Folge des Zusammentreffens darstellt. Trotzdem unterscheiden auch wir nicht stets scharf die Wirkung von der einfachen Thatsache.

Und dieser Doppelsinn des Ausdrucks ist der Grund, warum das Rechtsinstitut heute noch unter dem alten Namen, der den Spott geradezu herausfordert, in der Literatur fortlebt. Man hat versucht — im Anschlufs an das B.G.B. — „Vereinigung von Recht und Verbindlichkeit" an seine Stelle zu setzen.[2]) Ich glaube, ohne sonderlichen Erfolg. Denn was beim alten Namen das Charakteristische ist, der Doppelsinn des Wortes, fällt hier weg. „Vereinigung" giebt nach unserem Empfinden immer nur die Thatsache des Zusammentreffens wieder, nicht auch die Wirkung des Unterganges. Aufserdem umfafst die vorgeschlagene Bezeichnung nur die Erscheinungen im Recht der Schuldverhältnisse, nicht wie das farblose Wort „confusio" auch die dinglichen.

---

## A. Die Konfusion bei dinglichen Rechten.

### § 3. 1. Servituten.

Beim Eigentum kann der Konfusionsfall nicht eintreten. Der Eigentumsbegriff des römischen Rechts zerfällt nach richtiger Ansicht nicht in Ober- und Untereigentum, weil eine solche Teilung

---

[1]) Ebenso *Mosler*, S. 5.

[2]) *Schwedler*, Das Erlöschen der Schuldverhältnisse durch Vereinigung von Recht und Verbindlichkeit. Halle a. S. 1897.

mit seinem Wesen als abstraktem, allumfassendem dinglichen Recht unvereinbar ist.[1])

Wir wenden uns also gleich zu den Servituten — im weiteren Sinne, d. h. einschliefslich des Superficies und Emphyteusis, für die keine Sonderbestimmungen bestehen.

Die Servituten, die iura in re aliena, haben juristisch Wert nur so lange sie an fremdem Eigentum bestehen: nulli res sua servit.[2]) Dem Servitutberechtigten mufs der Eigentümer gegenüberstehen als der zum Dulden oder Gewähren Verpflichtete. Wird aber der Servitutberechtigte hinterher Eigentümer oder der Eigentümer servitutberechtigt, so entfällt dieser Gegensatz und damit ein Lebenselement der Servitut.[3]) Das durch die Servitut eingeschränkte Eigentum[4]) dehnt sich wieder bis an seine Grenzen aus und saugt die Einzelbefugnis auf.[5]) Die Servitut geht also unter und zwar vollkommen.

L. 30 pr. D. de serv. praed. urb. VIII, 2, Paulus: Si quis aedes, quae suis aedibus servirent, cum emisset traditas sibi accepit, confusa sublataque servitus est.

L. 10 D. commun. praed. VIII, 4, Ulpianus: . . . nemo ipse sibi servitutem debet.

L. 4 D. us. fruct. quemadm. VII, 9, Venuleius: Si fructuarius proprietatem adsecutus fuerit, desinit quidem usus fructus ad eum pertinere propter confusionem.

L. 1 D. quemadm. serv. VIII, 6, Gaius: Servitutes praediorum confunduntur, si idem utriusque praedii dominus esse coeperit.

§ 3 J. de usufr. II, 4: Item finitur usus fructus, si domino proprietatis ab usufructuario cedatur: vel ex contrario si fructuarius proprietatem rei adquisierit, quae res consolidatio appellatur.

L. 3 § 2, l. 6 pr. D. de usufr. accresc. VII, 2.

Der Vorgang der Konfusion heifst im besonderen beim Ususfrukt consolidatio, weil das von Servituten freie Eigentum solidum

---

[1]) *Dernburg,* Pandekten I, S. 643. Auch das B.G.B. kennt kein Ober- und Untereigentum.

[2]) L. 26 D. de servit. praed. urb. VIII, 2.

[3]) Ebenso *Mosler,* S. 16.

[4]) So die herrschende Meinung, z. B. *Dernburg,* Pand. I, S. 574. Deshalb ist auch die von *Fritz* im Archiv f. civilistische Praxis Bd. VIII, S. 290 aufgestellte Theorie, Konfusion sei Aufhören nur der Form nach unzutreffend. Denn sie geht von der irrigen Vorstellung aus, die Servitut sei ein herausgenommenes Einzelrecht.

[5]) L. 5 pr. D. si us. fr. petetur VII, 6: Qui habet proprietatem, utendi fruendi ius separatum non habet.

genannt wird.[1]) Einige Neuere gebrauchen nicht glücklich diesen Ausdruck für das ganze Institut beim dinglichen Recht, z. B. *Kohler*. Das ist verwirrend.[2])

Da die Grunddienstbarkeit dem Eigentümer des herrschenden Grundstückes nur in dieser seiner Eigenschaft, nicht ihm persönlich zusteht[3]) und da sie beim Zusammentreffen wegen Existenzunmöglichkeit untergegangen ist, so lebt sie nicht dadurch wieder auf, dafs hinterher eine Trennung der beiden Grundstücke eintritt, dafs Berechtigung und Verpflichtung auseinanderfallen durch Veräufserung des Eigentümers oder dergl. Das praedium serviens geht beim späteren Ausscheiden aus der Hand des Eigentümers frei von Lasten über.

L. 30 pr. i. f. D. de serv. praed. urb. VIII, 2: Et si rursus vendere vult, nominatim imponenda servitus est: alioquin liberae veniunt.

Die Servitut ist durch das Zusammentreffen mit dem Eigentum eben völlig erloschen.

Das gilt auch von den schwer zu erklärenden Servituten altius tollendi, luminibus officiendi u. s. w. Gehen sie durch Konfusion unter, so ist die Berechtigung, die eine Ausnahme von den lokalen Bauordnungen darstellt, erloschen: der gesetzliche Normalzustand ist wieder hergestellt. Mit Recht hebt dies *Dernburg*[4]) als Beweis ihrer wahren Servitutennatur hervor.

Freilich kann eine p e r s ö n l i c h e Verpflichtung des Eigentümers zur Wiederherstellung der alten untergegangenen Servitut begründet sein.[5])

L. 18 D. de serv. VIII, 1, *Paulus*: In omnibus servitutibus, quae aditione confusae sunt, responsum est doli exceptionem nocituram legatario, si non patiatur eas iterum imponi.[6])

---

[1]) Vgl. z. B. l. 35 D. de bon. lib. 38, 2 und l. 9 § 2 D. de aqua et aquae pluv. 39, 3.

[2]) *Schwedler*, S. 4 Anm. 7 sieht hierin eine Ausdehnung des Sprachgebrauchs der Quellen. Nach *Mosler*, S. 10 ist es geradezu falsch. Er will unter Konsolidation i. w. S. nur objektiv die Thatsache verstanden wissen, dafs das ehedem belastete Eigentum wieder frei ist, ohne Rücksicht auf den Grund der Belastung. Ich glaube nicht, dafs dies quellenmäfsig zu beweisen ist, um so weniger als die auch von *Mosler* herangezogene l. 35 cit. gerade von der Konsolidation i. e. S., d. h. der Konfusion beim Ususfrukt handelt.

[3]) *Dernburg*, Pand. I, § 238.

[4]) Pandekten I, § 244, 4.

[5]) Vgl. *Dernburg*, Pfandrecht II, S. 568.

[6]) Vgl. ferner l. 9 D. commun. praed. VIII, 4. Siehe darüber beim Erbschaftskauf unten S. 43. Vgl. aufserdem l. 116 § 4 D. de leg. I.

Ebenso kann das Konfusionssubjekt eine Neubestellung vornehmen, unbeschadet des eingetretenen Untergangs.

L. 30 pr. i. f. D. de serv. praed. urb. VIII, 2.

Es handelt sich in jedem Falle nur um persönliche Pflichten und um Auflegung einer im Umfang der alten entsprechenden Last. Denn die alte ist und bleibt untergegangen, sie bietet allenfalls nur den Mafsstab für die neue.

Dagegen spricht auch nicht ein anderer Fall: Der Eigentumserwerb, der die Konfusion zur Folge hatte, ist kein unwiderruflicher und wird rückwärts hin rescindiert.[1]) Dann tritt ein Zustand ein, der nur mit Wiederaufleben der Servituten, die blofs geruht hatten, bezeichnet werden kann. Der scheinbare Erbe hatte, wie sich nachträglich herausstellte, gar kein Recht auf die Erbschaft und damit auf die Servitut: die Konfusion war also nur eine scheinbare. Deshalb fügten wir in die Begriffsbestimmung ein: aus einem unwiderruflichen Grunde.

L. 57 pr. D. de usufr. VII, 1, *Papinianus*: Dominus fructuario praedium, quod ei per usum fructum serviebat, legavit, idque praedium aliquamdiu possessum legatarius restituere filio, qui causam inofficiosi testamenti recte pertulerat, coactus est: mansisse fructus ius integrum ex post facto apparuit.

L. 35 D. de bon. libert. XXXVIII, 2, *Javolenus*.

L. 21 § 2 D. de inoff. testam. V, 2, *Paulus*.

Von der Regel, dafs im Falle späterer Entäufserung kein Wiederaufleben, sondern nur Neubestellung einer der früheren entsprechenden Servitut möglich ist, bildet auch die in den Entscheidungen des Reichsgerichts[2]) mitgeteilte „konstante Judikatur des gemeinen Rechts" keine Ausnahme. Der Eigentümer nutzte zwei Grundstücke in der Weise, dafs das eine den Zwecken des anderen diente. Beim Verkauf dieses dienenden Grundstückes ist in dubio — es müfste sonst ein besonderer Vorbehalt gemacht sein[3]) — Übergang dieses dem Eigentümer zustehenden Gebrauchsrechts als Servitut anzunehmen, wenn die bisherige Benutzungsart fortbestehen soll. Hier wird der Neubestellungsakt ersetzt durch den geschehenen Mitverkauf des Rechts. Es lebt also die Servitut nicht etwa wieder auf beim Verkauf; sie bestand ja garnicht, der Eigentümer nutzte das Grundstück ja als Eigentümer. Sondern es ist eine „stillschweigende Bestellung" anzunehmen und das Ganze nur zu erklären als billige Auslegung des Kaufvertrages.[4])

---

[1]) Vgl. *Dernburg*, Pandekten I, § 254, Anm. 11.

[2]) Bd. XIII, S. 249

[3]) Entsch. des Geh. Ober-Tribunals. Bd. 79, S. 283.

[4]) So auch *Dernburg*, Privatrecht I, § 299, Anm. 13.

Anders steht es im Falle der Cession des Niefsbrauchs. Die Konsolidation durch Erwerb des Eigentums giebt dem bisherigen Niefsbraucher nicht das Recht, seinem Cessionar die Nutzung zu entziehen. Das folgt aus den Sätzen über die Cession. Durch dieselbe hat der ursprüngliche Niefsbraucher nicht mehr über den Niefsbrauch zu verfügen. Deshalb kann auch durch Konsolidation des Niefsbrauchs, der jetzt einem anderen zusteht, mit dem Eigentum nicht Untergang eintreten.[1]) Das erklärt den Vorgang besser als *Windscheids* schwerverständlicher Satz:[2]) „Das an dem Niefsbrauch stattfindende Recht hält, soweit es reicht, den Niefsbrauch trotz seines Unterganges als Niefsbrauch fest.“ Ein einmal untergegangener Niefsbrauch kann nicht leicht festgehalten werden.

Trifft die Servitutberechtigung nicht mit dem vollen, sondern nur mit dem Miteigentum zusammen, so unterscheiden die meisten nach der Fähigkeit der Teilbarkeit der Servitut. Ist sie unteilbar, so bleibt sie bestehen, ist sie teilbar — also nur der Ususfrukt — so erlischt sie teilweise.[3]) Es ist auf die Hinfälligkeit dieser Beweisführung hingewiesen worden,[4]) und man hat die Stelle, auf die sich *Windscheids* Ansicht stützte, l. 8 § 1 D. de serv. VIII, 1, anders zu erklären versucht.

*Paulus:* Si praedium tuum mihi serviat, sive ego partis praedii tui dominus esse coepero sive tu mei, per partes servitus retinetur, licet ab initio per partes adquiri non poterat.

Danach ist pars der Teil des Eigentums, der in der Hand des an der Konfusion unbeteiligten Miteigentümers liegt — nicht der Teil der Servitut. Dieser Eigentumsteil des unbeteiligten Miteigentümers bewirkt, dafs für ihn die Servitut eine solche an fremder Sache, an der des Miteigentümers ist, obwohl sie für seinen Teil an eigener Sache besteht. Ein Zusammenfallen von Belastung und Berechtigung findet also nicht statt und deswegen kann keine Konfusion eintreten, ohne seine Rechte in der empfindlichsten, ungerechtfertigsten Weise zu schädigen: „Die Servitut wird durch Ereignisse in der Person einzelner Miteigentümer nicht berührt.“ [5])

L. 30 § 1 D. de serv. praed. urb. VIII, 2, *Paulus:* Si partem praedii nanctus sim, quod mihi aut cui ego serviam, non confundi sevitutem placet, quia pro parte servitus retinetur. itaque si praedia

---

[1]) Vgl. *Dernburg*, Pand. I, § 246, Anm. 3. — *Windscheid*, Pand. I, § 205, Anm. 4 verweist als Analogie auf l. 3 § 2 D. de usufr. accr. VII, 2.

[2]) a. a. O.

[3]) *Windscheid*, Pand. I, § 215, 3 und § 209 Anm. 18; *Mosler*, S. 18 ff.

[4]) *Steinlechner*, Das Wesen der iuris communio, 1878, Bd. II, S. 206 ff., sowie *Friedmann*, S. 6.

[5]) *Dernburg*, Pand. I, § 241, 2.

mea praediis tuis serviant et tuorum partem mihi et ego meorum partem tibi tradidero, manebit servitus, item usus fructus in alterutris praediis adquisitus non interrumpit servitutem.

L. 27 D. de serv. praed. rust. VIII, 3, *Julianus:* Si communi fundo meo et tuo serviat fundus Sempronianus et eundem in commune redemerimus, servitus extinguitur, quia par utriusque domini ius in utroque fundo esse incipit. at si proprio meo fundo et proprio tuo idem serviat, manebit servitus, quia proprio fundo per communem servitus deberi potest.

L. 3 § 2 D. de usuf. adcr. VII, 2, *Ulpianus:* Si duobus usus fructus legetur et apud alterum sit consolidatus, ius adcrescendi non perit neque ei, apud quem consolidatus est, neque ab eo, et ipse quibus modis amitteret ante consolidationem, isdem et nunc amittet.[1])

Das teilweise Erlöschen des Ususfrukts ist eine Anomalie wie so manche andere Sonderbestimmung des Niefsbrauchs. Er weicht erheblich von den anderen Servituten ab, er ist als einzige seiner Ausübung nach veräufserlich und teilbar. Er erlischt auch blofs teilweise bei nicht vollständigem Zusammenfallen der Belastung mit der Berechtigung.

L. 14 D. quib. mod. us. fr. VII, 4, *Pomponius:* Excepta capitis minutione vel morte reliquae causae vel pro parte interitum usus fructus recipiunt.

Aus der Teilbarkeit des Niefsbrauchs folgt dies teilweise Erlöschen noch keineswegs. Denn wie *Windscheid*[2]) sagt: seine Teilbarkeit könnte ein teilweises Erlöschen nur beim Zusammentreffen mit dem Eigentum an reellen Teilen der beschwerten Sache erklären. Es hilft nichts, als dafs man die Sätze beim Niefsbrauch als besondere Eigentümlichkeiten nimmt, ohne sie aus einander, analog den gewöhnlichen Servitutenbestimmungen, folgen zu lassen.

Ähnlich wie beim Miteigentum liegt der Fall in der l. 31 D. de serv. praed. rust. VIII, 3, *Julianus:*

Tria praedia continua trium dominorum adiecta erant: imi praedii dominus ex summo fundo imo fundo servitutem aquae quaesierat et per medium fundum domino concedente in suum agrum ducebat: postea idem summum fundum emit: deinde imum fundum, in quem aquam induxerat, vendidit. quaesitum est, num

---

[1]) Vgl. dazu *Fragm. Vaticana* § 83 und *Hartmann*, Rechte an eigener Sache, S. 70. — Sehr richtig fafst *Fischer*, Das Sachenrecht des Entwurfs, S. 38, die l. 26 D. de serv. praed. urb. VIII, 2, *Paulus:* In re communi nemo dominorum iure servitutis neque facere quicquam invito altero potest neque prohibere, quo minus alter faciat: nulli enim res sua servit — als hochste Übertreibung dieses den Römern fast als Naturgesetz erscheinenden Satzes auf.

[2]) Pand. I, § 209, 8, Anm. 17.

imus fundus id ius aquae amisisset, quia, cum utraque praedia eiusdem domini facta essent, ipsa sibi servire non potuissent. negavit amississe servitutem, quia praedium, per quod aqua ducebatur, alterius fuisset et quemadmodum servitus summo fundo, ut in imum fundum aqua veniret, imponi aliter non potuisset, quam ut per medium quoque fundum duceretur, sic eadem servitus eiusdem fundi amitti aliter non posset, nisi eodem tempore etiam per medium fundum aqua duci desisset aut omnium tria simul praedia unius domini facta essent.

Der Jurist läfst auch hier die Servitut bestehen, weil das Mittelgrundstück, durch das die Wasserleitung geführt wurde, einem anderen als dem Eigentümer der beiden äufseren Grundstücke gehörte. Für diesen medius fundus ist Berechtigter und Belasteter noch nicht eine Person geworden. Wie aber dessen Rechtsbeschaffenheit zur Auflegung der Servitut von Wichtigkeit war, so kommt sie auch beim Untergang in Betracht. Thatsächlich ist das mittlere Grundstück ja auch äufserlich noch in belastetem Zustand. So ist also der Eigentümer der beiden Seitengrundstücke nicht gleichzeitig Totalverpflichter. Das fremde Eigentum am Mittelgrundstück wirkt hier wie im Falle des Miteigentums das Recht des unbeteiligten Miteigentümers am Grundstück. Wir haben hier einen Fall des Ruhens, wie *Windscheid* sagt,[1]) der „abgeschwächten Existenz“ der Rechte, deren uns noch mehrere begegnen werden: eine Servitut an eigener Sache. Giebt der Eigentümer der beiden äufseren Grundstücke eins aus seiner Hand, sind also dafür Eigentümer und Berechtigter nicht mehr eine Person, so steht hier einem Wiederaufleben, einem Erwachen der ruhenden Servitut, die ja noch nicht untergegangen war, nichts im Wege.

Die absolute Zerstörungskraft, die wir als Regel aus den Quellenstellen entnommen haben, erleidet aber auch in weiteren Fällen aus besonderen Gründen noch Ausnahmen. Es handelt sich hier hauptsächlich um das Schicksal von Servituten, die einem Dritten vermacht sind, an denen der Erbe aber schon vor dem Erbfall als Berechtigter oder Verpflichteter beteiligt war.

Die Quellen:

L. 116 § 4 D. de leg. I, *Florentinus:* Fundus legatus talis dari debet, qualis relictus est. itaque sive ipse fundo heredis servitutem debuit sive ei fundus heredis, licet confusione dominii servitus exstincta sit, pristinum ius restituendum est. et nisi legatarius imponi servitutem patiatur, petenti ei legatum exceptio doli mali opponetur: si vero fundo legato servitus non restituetur, actio ex testamento superest.

---

[1]) Pand. I, § 65.

L. 70 § 1 D. de leg. I, *Gaius:* Nam et si fundus, qui meo fundo serviebat, tibi legatus fuerit, non aliter a me tibi praestari debeat, quam ut pristinam servitutem recipiam.

L. 18 D. de serv. VIII, 1, *Paulus:* In omnibus servitutibus, quae aditione confusae sunt, responsum est doli exceptionem nocituram legatario, si non patiatur eas iterum imponi —
stellen es so dar, als ob die Servitut aditione confusa und confusione exstincta sei und als ob es nun dem Erben oder Vermächtnisnehmer obliege, pristinum ius restituere. Es ist dies die äufserste — rein formale — Konsequenz des römischen Gedankens, dafs der Onerierte stets die Erbeneigenschaft behalte. Die Neueren aber sind geneigt, das schon beim Erbschaftsantritt vorhandene Recht des Legatars auch da bereits seine Wirkung äufsern, die Servitut also nicht untergehen,[1] vielmehr bis zur Herausgabe des Legats nur ruhen zu lassen.[2] *Jhering*[3] schliefst den nachteiligen Einflufs der Konfusion auch aus, aus dem Grunde, weil das „künftige, dinglich gesicherte Recht" dem gegenwärtigen gegenüber dieselbe Stellung einnimmt, wie ein gegenwärtiges ius in re dem Eigentümer gegenüber.[4]

Entscheidend aber ist, dafs bei dem Universalfideikommifs dieser Grundsatz von den römischen Juristen schon anerkannt wurde.[5] Entscheidend für das Legat deswegen, weil allmählich die freieren Regeln, die für das Universalfideikommifs galten, auf das Legat angewendet wurden.[6]

L. 75 (73) § 1 D. ad S. C. Treb. XXXVI, 1, *Maecianus:* Cum ex Trebelliano senatus consulto restituitur hereditas, servitutes, quas mutuo praedia heredis et testatoris habent, nihilo minus valent.

Die Quellen sprechen freilich in

L. 61 (59) pr. D. eod., *Paulus:* Debitor sub pignore creditorem heredem instituit eumque rogavit restituere hereditatem filiae suae, id est testatoris: cum nollet adire ut suspectam, coactus iussu praetoris adit et restituit: cum emptorem pignoris non inveniret, desiderabat permitti sibi iure dominii id possidere. respondi: aditione quidem hereditatis confusa obligatio est . . .

---

[1]) Vgl. *Koch*, Recht der Forderungen, Bd. II, S. 798.

[2]) Vgl. *Friedmann*, S. 10. Doch erscheint es aufserlich und zu weitgehend, diesen Fall wegen „nicht vollstandigen Zusammentreffens" von Recht und Pflicht von der Konfusion auszuschliefsen. „Vollständig" sei erst das Recht des Erben plus dem des Legatars! Gegen *Friedmann* auch *Schwedler*, S. 59, 168 sowie 171.

[3]) In seinen Jahrbuchern Bd. X, S 450.

[4]) Siehe unten S. 21.

[5]) *Kohler*, Abhandlungen, S. 300 ff.

[6]) l. 1 C. commun de legat. VI, 43.

auch davon, dafs obligatio aditione quidem confusa est. Deshalb nehmen *Windscheid*[1]) und *Dernburg*[2]) Untergang der Rechtsverhältnisse in der Person des Fiduziars, der volle Erbenstellung und damit doch auch volles Eigentum habe, an.[3])

Selbst aus l. 75 (73) cit. will *Dernburg* auch für die dinglichen Rechte ein Erlöschen durch Konfusion herleiten! In ihr steht klar: valent servitutes nihilo minus. Das heifst doch: obwohl die Servitutberechtigung und -verpflichtung des Erben und Testators zusammenkommt, tritt trotzdem keine Konfusion — d. h. kein Untergang durch Konfusion ein.[4])

*Windscheid* und *Dernburg* müssen infolgedessen dann nachträglich ein „von selbst Wiederaufleben der untergegangenen (!) Rechte" konstruieren, etwas logisch Undenkbares.[5])

Aber die gewöhnliche Sätze über die Interpretation der Quellen geben uns die Handhabe, den Widerspruch zu lösen.[6]) Die l. 61 (59) cit. ist das Zeichen einer „unvollendeten Entwickelung des römischen Rechts", und angesichts der l. 75 (73) § 1 cit., die der Entwickelung im richtigen Instinkt vorausgeeilt war, sind wir befugt, den Schritt zu thun, den die Quellen ablehnen.

Zur klassischen Zeit gab l. 61 (59) dem geltenden Rechte Ausdruck. Da mufsten die dinglichen Rechte durch Konfusion untergehen, weil der Fiduziar wahre Erbenstellung hatte.[7]) So erklären sich die vielen Quellenstellen, die vom Untergang der Servituten reden.

Als aber seit dem S. C. *Trebellianum* und später dem S. C. *Pegasianum* der Fiduziar nicht nur thatsächlich, wie schon am Ausgang der vorigen Periode, sondern auch ausdrücklich nach dem Gesetze lediglich dem Namen nach Erbe, sein Antritt bald eine leere Form wurde, die in einigen Fällen erzwungen werden oder gar wegfallen konnte,[8]) mufste *Maecians* Auffassung durchdringen: Die

---

[1]) Pand. III, § 665.

[2]) Pand. III, § 120, 2.

[3]) Auch *Schwedler*, S. 167 ist gegen Fortexistenz des Rechts beim Gläubiger-Schuldner, weil der Fideikommissar als Rechtsnachfolger des Fiduziars anzusehen sei. Das ist er im gemeinen Recht nie.

[4]) Zu vergleichen ware etwa l. 57 pr. D. de usufr. VII, 1: mansisse ius integrum. Ebenso *Mosler*, S. 22.

[5]) Sagt doch *Dernburg* selbst (Pfandrecht, Bd. II, S. 568; Preufs. Privatrecht, II, § 103): Ein einmal erloschenes Verhältnis bleibt fur immer abgethan!

[6]) Vgl. *Dernburg*, Pand. I, § 36,b. Für unseren Fall besonders noch *Windscheid*, III, § 665 Anm. 4a, der zur Vergleichung l. 87 § 1 D. de a. v. o. h. XXIX, 2 heranzieht, die ebenfalls eine nachträgliche Milderung des alten strengen Rechtsgedankens enthalt.

[7]) *Dernburg*, Pand. III, § 120.

[8]) Vgl. *Dernburg*, Pand. III, §§ 65, 121.

Servituten bleiben bestehen. Die bereits seit dem dies cedens, dem Tode des Erblassers, bestehende Anwartschaft des Fideikommissars hindert den Untergang in der jetzt lediglich als Durchgangspunkt erscheinenden Person des Erben. Denn diese Anwartschaft des Fideikommissars läfst sein Recht bereits Wirkungen äufsern, die das Zusammenfallen von Recht und Belastung unmöglich machen. Der Fideikommissar hat in gewissem Sinne bereits teil an der Berechtigung und deshalb fällt in der Person des Erben nicht schon Recht und Belastung zusammen. Deshalb ruht die Servitut — ebenso natürlich alle anderen dinglichen Rechte — beim Erben, bis sie mit dem Momente der Übergabe, dem dies veniens, zu einem vollwirksamen Recht erstarkt. Dann erhalten die dinglichen Rechte ihre frühere Stellung, also z. B. auch ihre Priorität wieder.[1])

Alles dies gilt bereits zu einer Zeit, in der der Fideikommissar nur ein Forderungsrecht, nicht ein dinglich gesichertes Recht gegen den Fiduziar hatte. Nach *Justinians* Bestimmung[2]) jedoch, dafs ihm stets ein obligatorisches und ein dingliches Recht zustehe, ist unsere Auffassung die einzig denkbare.

Ganz aufser acht lassen wir dabei noch die l. 80 D. de leg. II, *Papinianus*:

Legatum ita dominium rei legatarii facit, ut hereditas heredis res singulas. quod eo pertinet, ut, si pure res relicta sit et legatarius non repudiavit defuncti voluntatem, recta via dominium, quod hereditatis fuit, ad legatarium transeat numquam factum heredis.

Sie berechtigt sogar unmittelbar über den Kopf des Erben hinweg den Legatar. Wiewohl sie das Unterbleiben der Konfusion am einfachsten erklären würde, bezieht sie sich doch ganz klar nur auf das klassische Vindikationslegat und steht deshalb unter den Quellenstellen ganz allein, während die Mehrzahl, z. B. l. 18 D. de servit. VIII, 1, offensichtlich vom Damnationslegat ausgeht.

Wenn wohlerworbene Rechte oder rechtlich zu schützende Interessen Dritter in Mitleidenschaft gezogen werden, unterbleibt die Konfusion um dieser Dritten willen. —

Welche Wirkungen hat ferner die Konfusion, wenn die Servitut selbst noch mit einem dinglichen Recht beschwert ist? Also z. B. in dem Fall, dafs der Niefsbraucher die Ausübung seines Rechts an einen Dritten verpfändet hat und nachträglich das Eigentum erwirbt, oder dafs der Emphyteuta die Emphyteuse verpfändet und sodann den Grundherrn beerbt.

Es scheint auf den ersten Blick ganz selbstverständlich, dafs der Untergang der Servitut unmöglich ist. Ein mit dem Eigentum

---

[1]) *Dernburg*, Pand. III, § 120, 2.

[2]) L. 1 C. comm. de leg. VI, 43. So *Dernburg*, Pand. III, § 99; a. A *Windscheid*, III, § 665, Anm. 1.

zusammenfallender Niefsbrauch ist nicht dasselbe wie ein Niefsbrauch, an dem noch ein Dritter wichtige Rechte hat. Der Frage wohnt ferner eine grofse wirtschaftliche Bedeutung bei, angesichts deren die Beantwortung auch garnicht so schwer sein dürfte. Trotzdem gehört gerade diese Frage zu den bestrittensten innerhalb der Lehre von der Konfusion.

Nicht wenig trägt dazu bei, dafs die den Fall behandelnde Quellenstelle recht dunkel ist.

L. 8 pr. D. quib. mod. pign. XX, 6, *Marcianus:* Sicut re corporali extincta, ita et usu fructu exstincto pignus hypothecave perit.

„Wie das Pfandrecht beim Untergang der körperlichen Sache endigt, so auch beim Untergang des Niefsbrauchs.“ Gerade auf Grund dieser Stelle haben *Bremer*[1]) und *Sohm*[2]) Untergang des ius in re am Ususfrukt angenommen. Und auch *Dernburg*[3]) kommt zu demselben Resultat von der Erwägung aus, dafs die Konfusion stets absoluter Untergangsgrund sei. Ist das Dogma von der absoluten Zerstörungskraft der Konfusion schon mit den eben gewonnenen Resultaten nicht recht vereinbar und unbewiesen, so spricht auch eine Betrachtung des Falls vom wirtschaftlichen Gesichtspunkt aus[4]) unbedingt gegen *Dernburgs* und der anderen Ansicht.

Aber die l. 8 cit. ist garnicht zur Stütze dieser Ansicht heranzuziehen. Auch *Windscheid*[5]) läfst sie nur gelten bei dem nächstliegenden Falle, dafs der Niefsbrauch durch den Tod des Berechtigten untergeht. Dann erlischt mangels Subjekt das bestellte Pfandrecht. *Kohler*[6]) verallgemeinert den Satz und sagt, der dinglich Berechtigte kann sein Recht nur bis zu den „normalen objektiven Beendigungsfaktoren“ — d. h. den von seinem Willen unabhängigen -- dinglich belasten.

Der Fall liegt aber gar nicht anders als der oben[7]) besprochene der Cession des Niefsbrauchs. Entscheidend ist hier nicht so sehr der mehr äufserliche Gesichtspunkt, dafs Berechtigung und Verpflichtung nicht völlig zusammengeflossen sind, als vielmehr der, dafs ein Dritter am Niefsbrauch in so hervorragender Weise mitbeteiligt ist, dafs sein Recht die Verfügung des Niefsbrauchers einengt. Der Dritte hat ein wohl erworbenes Recht am Niefsbrauch, das nicht durch einseitige Handlungen aufgehoben werden kann. *Ihering* fafst das zusammen, indem er mit einer kühnen Nach-

---

1) Pfandrecht und Pfandobjekt, S. 152 ff.

2) Die Lehre vom subpignus, S. 39.

3) Pand. I, § 273 A. 4.

4) Vgl. *Mosler*, S. 23.

5) Pand. I, § 23.

6) Pfandrechtliche Forschungen, S. 191.

7) Siehe S. 16.

bildung der l. 61 (59) pr. D. ad S. C. Treb. 36, 1 sagt: remanet ergo propter pignus servitus.[1])

*Kohler*[2]) führt aus, dafs bei der Konfusion regelmäfsig das ius in re im Eigentum aufgeht, aber wenn das dingliche Recht eine intensivere Kraft als das Eigentum hat, beim Zusammentreffen dieser Überschufs vollwirksam bleibe. Mit Recht sagt er, die scheinbar dagegen sprechende l. 17 D. quib. mod. VII, 4 ist veraltet:

*Julianus:* Si tibi fundi usus fructus pure, proprietas autem sub condicione Titio legata fuerit, pendente condicione dominium proprietatis adquisieris, deinde condicio extiterit, pleno iure fundum Titius habebit neque interest, quod detracto usufructu proprietas legata sit: enim dum proprietatem adquiris, ius omne legati usufructus amisisti.

Beim Zusammentreffen von Niefsbrauch und dem unter einer noch schwebenden Bedingung einem Dritten vermachten Eigentum ist trotz dieser möglichen Anwartschaft des Dritten Untergang des Niefsbrauchs eingetreten. Der alten Jurisprudenz war, wie der Schlufssatz ergiebt, der Gesichtspunkt des Zusammenfallens — ohne Rücksicht auf die Nebenumstände auschlaggebend.

Erst *Ulpian* giebt nach *Kohler* in der l. 3 § 2 D. de usufr. accr. VII, 2 die fortgeschrittene richtige Ansicht:[3])

nec novum: nam et si duobus ususfructus legetur et apud alterum sit consolidatus ius adcrescendi non perit neque ei, apud quem consolidatus est, neque ab eo, et ipse quibus modis amitteret ante consolidationem, isdem et nunc amittet.

Wegen der Mitbeteiligung des Kollegatars ist der Untergang des mit dem Eigentum ebenfalls wie in der vorigen Stelle zusammengefallenen Niefsbrauchs verhindert.

Hier tritt uns wieder die Erscheinung entgegen, dafs die Servitut jetzt an eigener Sache fortbesteht, weil das auf ihr lastende dingliche Recht die Berechtigung als eine fremde erscheinen läfst. Insoweit ist die Servitut also ruhend und nach *Windscheids* Ausdruck abgeschwächt.

In welchem Umfang besteht sie aber fort? Bei Trennung des Eigentums von dem trotz der Vereinigung noch unterscheidbaren Ususfrukt erstarkt der letztere wieder aus einem ruhenden zu einem gewöhnlichen Ususfrukt. Deshalb müssen auch die Folgen die gewöhnlichen, regelmäfsigen sein. Die Servitut besteht wegen der Rechte des Dritten nicht blofs relativ[4]) für den Dritten fort, sondern

---

[1]) Ähnlich *Friedmann* (S. 13): servitus per partem retinetur (sc. creditoris pigneraticii).

[2]) Ges. Abhandlungen, S. 295 (bezw. Annalen der Bad. Gerichte Bd. 43, S. 25).

[3]) Vgl. *Fragm. Vatic.* § 83.

[4]) Vgl. *Kohler*, a. a. O.; *Windscheid*, a. a. O.

absolut auch für den Eigentümer.[1]) Ein relatives Bestehen des Niefsbrauchs störte die „Harmonie des Rechts“ [2]) und brächte grofse Unsicherheit in das Rechtsleben.

Ganz dieselben Wirkungen treten ein, wenn das Eigentum, das mit der Servitut zusammenfällt, die nuda proprietas, einem weiteren ius in re unterliegt. Dieses dingliche Recht, z. B. das Pfandrecht, bezog sich auf das belastete Eigentum, unterwarf das Eigentum also dem Pfandgläubiger nur, soweit es durch das ältere dingliche Recht, den Niefsbrauch, begrenzt war. Daran kann durch spätere Ereignisse in den Rechtsschicksalen des Grundstücks zum Schaden des Eigentümers nichts geändert werden.

Denn nach l. 18 § 1 D. de pign. act. XIII, 7, *Paulus:*

Si nuda proprietas pignori data sit, usus fructus, qui postea adcreverit, pignori erit: eadem causa est alluvionis

würde das Pfandrecht im Falle des Untergangs den Niefsbrauch auch ergreifen.[3]) Für eine solche Erweiterung des Pfandrechts liegt aber kein Grund vor. Deshalb mufs auch in diesem Fall — entgegen *Dernburgs* Ansicht — der Untergang abgelehnt werden. Entscheidend ist, dafs dem Pfandrecht gegenüber sich der Niefsbrauch weiter bethätigen kann. Deshalb besteht er aber auch hier wieder absolut, nicht blofs relativ fort.

Der Eigentümer z. B. einer aufserdem später noch verpfändeten Sache hat den Niefsbrauch erworben. Der Niefsbrauch besteht sodann wegen des Pfandrechts — in ruhendem Zustand — fort. Nun werden später durch Verkauf Niefsbrauch und Eigentum wieder getrennt. Erlischt sodann durch irgend welche Ursache, z. B. Verzicht oder dergl., das Pfandrecht, so bleibt trotzdem der nach der Trennung wieder erstarkte Niefsbrauch an der Sache bestehen. Die absolute Wirkung ist notwendige praktische Folge des Nichtuntergangs. Denn man bedenke: Bei der Trennung des Niefsbrauchs vom Eigentum bestand der Niefsbrauch, wenn auch nur wegen des Pfandrechts, jedenfalls fort. Der Erwerber des Niefsbrauchs erhielt ein volles Recht, das nicht plötzlich durch Umstände, die ganz aufserhalb seiner Beziehungen zum Eigentümer liegen, beendet werden kann.

So wird auch hier, wie z. B. beim Universalfideikommifs, der Untergang des sich mit der Belastung vereinigenden Rechts aufgehalten durch eine ihm aufgedrückte rechtliche Bestimmung.

---

[1]) *Ihering,* a. a. O.

[2]) Motive zu dem Entwurf eines burgerl. Gesetzbuchs, Bd. III, S. 203.

[3]) *Dernburg,* Pand. I, § 273, A. 5.

## § 4. 2. Pfandrecht.

Das Pfand soll den Gläubiger sichern. Deshalb mufs es begrifflich einem anderen Eigentümer gehören, der verpflichtet ist, dem Berechtigten erforderlichenfalls den Verkauf zu seiner Befriedigung zu gestatten. Das Pfandrecht geht demnach völlig für immer unter, wenn der Pfandgläubiger das Eigentum erwirbt oder der Eigentümer das Pfandrecht, da das Eigentum alle an einer Sache denkbaren Rechte in sich begreift.

L. 45 pr. D. de R. J. L, 17, *Ulpianus:* Neque pignus .... rei suae consistere potest.

L. 30 § 1 i. f. D. de exc. rei iud. XLIV, 2, *Paulus:* Neque enim potest pignus perseverare domino constituto creditore.

L. 29 D. de pign. act. XIII, 7, *Julianus:* Si rem alienam bona fide emeris et mihi pignori dederis ac precario rogaveris, deinde me dominus heredem instituerit, desinit pignus esse et sola precarii rogatio supererit ....

L. 20 § 3 D. eod.; l. 9 pr. D. quib. mod. XX, 6; l. 33 § 5 D. de usurp. XLI, 3.

Nach den bei der Servitut entwickelten Grundsätzen ist das Pfandrecht auch nur scheinbar untergegangen, wenn der Eigentumserwerb des Pfandgläubigers nichtig war.

L. 7 § 6 D. de donat. inter v. et ux. XXIV, 1, *Ulpianus:* Si uxor a marito suo praedia, quae ob dotem pignori acceperat, emerit eaque emptio donationis causa facta dicatur, nullius esse momenti, pignoris tamen obligationem durare imperator noster cum patre suo rescripsit ....

Ebenso findet keine Konfusion statt, wenn die Pfandsache legatarisch oder fideikommissarisch vermacht ist. Dasselbe ist der Fall, wenn das Pfandrecht nicht mit dem vollen, sondern nur mit dem Miteigentum zusammenfällt. Denn dafs an einem ideellen Teil einer Sache ein Pfandrecht bestellt werden kann,[1] ist ohne Bedeutung für die Konfusion, da das Pfandrecht keineswegs den reellen Teil der Sache erfafst, in den es später umgesetzt werden kann;[2] und nur dann könnte teilweise Konfusion in Frage kommen.[3]

Weniger einfach gestalten sich die Rechtsverhältnisse, wenn der Pfandgläubiger nicht allein berechtigt ist, sondern noch andere Gläubiger hinter ihm stehen. Die Vereinigung von Pfandrecht und Eigentum ist dann verschieden denkbar.

---

[1]) L. un. C. si comm. VIII, 20.

[2]) *Dernburg,* Pand. I, § 272, 2.

[3]) Siehe oben S. 17.

Erster Fall: Der Eigentümer erwirbt ein vorgehendes Pfandrecht.

L. 19 D. qui potiores XX, 4, *Scaevola:* Mulier in dotem dedit marito praedium pignori obligatum et testamento maritum et liberos ex eo natos, item ex alio heredes instituit: creditor cum posset heredes convenire idoneos, ad fundum venit: quaero, an, si ei iustus possessor offerat, compellendus sit ius nominis cedere. respondi posse videri non iniustum postulare.

Zweiter Fall: Jemand erwirbt gleichzeitig Eigentum und ein vorgehendes Pfandrecht.

L. 17 D. eod., *Paulus:* Eum qui a debitore suo praedium obligatum comparavit, eatenus tuendum, quatenus ad priorem creditorem ex pretio pecunia pervenit.

L. 3 § 1 D. de distr. pign. XX, 5; l. 3 C. si antiquior creditor VIII, 19 (20).

Drittens, der Hauptfall: Der vorgehende Pfandgläubiger erwirbt das Eigentum. Hiervon handelt die berühmte heifs umstrittene

Latinus Largus-Stelle, l. 30 § 1 D. de except. rei iud. XLIV, 2, *Paulus:* Latinus Largus: cum de hereditate inter Maevium, ad quem pertinebat, et Titium, qui controversiam moverat, transigeretur, traditio rerum hereditariarum Maevio heredi a Titio facta est, in qua traditione etiam fundum ei suum proprium, quem ante multos annos avo eiusdem Maevii heredis obligaverat quemque alii postea in obligationem deduxerat, ex causa pacti tradidit. his gestis posterior Titii creditor ius suum persecutus est et optinuit. post hoc iudicium Maevius heres repperit in rebus avitis chirographum eiusdem Titii ante multos annos conscriptum, per quod apparuit eum fundum, qui in causam transactionis venerat, etiam avo suo ab eodem Titio fuisse obligatum. cum ergo constet prius avo Maevii heredis in obligationem eundem fundum datum, de quo Maevius superatus est, quaero, an ius avi sui, quod tunc, cum de eodem fundo ageretur, ignorabat, nulla exceptione opposita exsequi possit. respondi: ... in proposita autem quaestione magis me illud movet, numquid pignoris ius exstinctum sit dominio adquisito: neque enim potest pignus perseverare domino constituto creditore. actio tamen pigneraticia competit: verum est enim et pigneri datum et satisfactum non esse, quare puto non obstare rei iudicatae exceptionem.

Die Entscheidung: actio tamen pigneraticia competit trifft *Paulus* also mit Berufung auf die Formel der Pfandklage: verum est emin et pigneri datum et satisfactum non esse.

Unrömisch, denn eine Klage ohne Recht widerspricht den Grundprinzipien des Rechts, haben dies die Basiliken[1]) so verstanden, als ob das Pfandrecht untergegangen sei und nur die Klage be-

[1]) LI, 227. Ebenso *Cuiacius*, Opp., tom. VIII, pag. 776.

stehen bleibe. Aber auch die Neueren haben teilweise nicht befriedigendere Erklärungen gegeben — meist aus Scheu, fürs römische Recht ein Pfandrecht an eigener Sache anzuerkennen.

*Dernburg*[1]) verneint ein solches Pfandrecht. Er erklärt den vorliegenden Fall nur für eine Modifikation dieses Fundamentalgrundsatzes — aus Billigkeitsrücksichten —, sieht aber darin nur eine Ausstattung des Eigentums mit besonderen Berechtigungen, die ihm sonst nicht zukommen, mit einem Schutz gegenüber den Nachhypothekaren. Ähnlich sagt *Bremer:*[2]) das Recht sei nur ein Ausflufs des gewöhnlichen einfachen Eigentumsrechts in ganz bestimmter Art der Ausübung gedacht.

Schon *Ihering*[3]) hat in scharfen Worten auf die Unmöglichkeit des Bestehens der actio hypothecaria ohne Pfandrecht hingewiesen, und es bleibt nach *Dernburgs* Erklärung die Beziehung auf das Pfandrecht ganz unerfindlich. Dafs das Pfandrecht nicht getilgt werden kann, geben fast alle zu: statt erreichter Sicherheit sähe sich der Pfandgläubiger-Eigentümer ohne materiellen Rechtsgrund einer ungerechtfertigten Eviktion durch die nachstehenden Pfandgläubiger, einem Geltendmachen der Konfusion ihm gegenüber ausgesetzt, was im höchsten Mafse unbillig wäre. Nur entnehmen einige aus der sedes materiae als wesentliche Voraussetzung für den Fortbestand der Pfandklage, dafs der Erwerber — der erste Pfandgläubiger — wie in jenem Fall, allgemein sein Pfandrecht nicht kennen dürfe.[4]) Für diese Einschränkung liegt durchaus kein Grund vor.[5])

Der Begriff des Pfandrechts an eigener Sache braucht aber garnicht fürs römische Recht so weit abgewiesen zu werden, wie es *Puchta* etwa thut, der von dem „monströsen Begriff" redet.[6]) Nur das ist richtig, dafs Rechte an eigener Sache im klassischen, auch noch im justinianischen Rechte — l. 45 pr. D. de R. J. — nie als primäre Erscheinungen vorkommen.[7]) Durch Erbschaft, Mit-

---

[1]) Pfandrecht, Bd. II, S. 570 ff. und Pand. I, § 292, 3

[2]) Das Pfandrecht und die Pfandobjekte, S. 147 ff.

[3]) A. a. O. Anm. 77. Dagegen auch *Buchka*, Die Hypothek des Eigentümers, S. 21.

[4]) So z. B. *Vangerow*, Pand. I, § 392

[5]) Ebenso *Dernburg*, Pfandrecht, II, 570.

[6]) Pand. § 202 A. 1. Ähnlich Institutionen, Bd. II, § 251.

[7]) Vgl. *Franke*, Civilistische Abhandlungen, 1826, S. 107: Niemand kann sich ein Pfandrecht an eigener Sache durch Vertrag bestellen lassen. Diese Auffassung ist richtiger als *Hartmanns* in *Iherings* Jahrb. Bd. XVII, S. 105, dafs der Pfandvertrag nur zu Gunsten des Pfandnehmers, nicht des Verpfänders wirksam werde. Dagegen auch *Dernburg*, Pand. I, § 292, Anm. 7.

eigentumsverhältnisse wird indefs oft eine Lage geschaffen, die sich nur durch Annahme eines Pfandrechts an eigener Sache erklären läfst und als teilweises Ruhen des Rechts aufgefafst werden kann.[1])

Ein ganz ähnlicher Fall ist bei den Servituten die l. 31 D. de serv. praed. rust. VIII, 3 gewesen. Der Grund liegt eben auch hier in der Mitbeteiligung der Dritten. Wenn freilich aufser der Person, in der das Zusammenfallen von Eigentum und Pfandrecht stattgefunden hat, niemand an dem Rechtsverhältnis beteiligt ist, wäre die Fiktion eines Pfandrechts an eigener Sache zwecklos,[2]) ja geradezu unsinnig. Denn da ist Recht und Last zusammengefallen und somit das Fortbestehen beider unmöglich.

Hier aber weicht sogar der klassische Jurist von seinem Dogma ab, durch praktische Rücksichten genötigt, wenn er auch seiner Entscheidung eine „mehr als kümmerliche theoretische Rechtfertigung" giebt.[3]) Und als weitere Fälle solchen Pfandrechts an eigener Sache müssen aufgefafst werden: l. 1 C. si antiqui. VIII, 19 (20); l. 17, 19 D. qui pot. XX, 4; l. 3 § 1 D. de distr. pign. XX, 5; l. 57 D. de leg. I und l. 3 C. de his, qui in prior. cred. loc. VIII, 18 (19).[4])

So erkennt denn auch die herrschende Meinung — *Arndts*, *Baron*, *Ihering*, *Windscheid*, *Exner*, *Hartmann* u. A. — heute den Begriff unbedingt an. Ja, *Hartmann*[5]) läfst sogar die Parömie nulli res sua servit nur als regula iuris, nicht als wirklichen absoluten Rechtssatz gelten, der in solcher Allgemeinheit einfach falsch wäre. Machte sich doch auch *Paulus* in l. 30 § 1 cit. nur diesen Einwand, diesen Zweifelsgrund, um ihn durch die Entscheidung „tamen" gleich darauf zu entkräften. Diese Entscheidung über die Zulässigkeit des Pfandrechts an eigener Sache beruht also nicht, wie aus der Fassung der Stelle leicht gefolgert werden könnte und auch thatsächlich gefolgert ist,[6]) auf der intentio der Pfandklage. Das wäre zwar am leichtesten, aber auch am äufserlichsten und würde wenig befriedigen. Man darf aber überhaupt nicht gar soviel

---

[1]) *Windscheid*, Pand. I, § 65; *Ihering*, a. a. O. S. 447 nennt diesen Zustand: Gebundenheit. — *Fischer*, a. a. O. S. 39 sieht in der Ansicht vom Ruhen des Pfandrechts ein Zugeständnis, dafs man aufser stande ist, das Rechtsverhältnis zu konstruieren. Er spottet über die Bereicherung, die die „naturwissenschaftliche Jurisprudenz" durch diese Erfindungen erfahren habe, die an Dornröschen oder Schneewitchen erinnerten.

[2]) Ähnlich *Hartmann*, S. 104.

[3]) *Fischer*, a. a. O. S. 38.

[4]) Vgl. *Scholt* in *Iherings* Jahrb. Bd. XV, S. 31 und Motive, Bd. III, S. 201 Anm. 2.

[5]) A. a. O. S. 93.

[6]) *Cuiacius*, tom. V, pag. 1104; *v. Savigny*, System, Bd. V, S. 393; *Franke*, *Bachofen* u. a. m.

Gewicht auf die Wortfassung legen, denn es ist zu beachten, dafs *Paulus* die ganze Frage nach dem Pfandrecht an eigener Sache nur gelegentlich streift, während es ihm um die ihn viel mehr interessierende exceptio rei iudicatae zu thun ist.

Ausschlaggebend ist vielmehr „der Gesichtspunkt noch nicht erreichter Zweckbestimmung des Rechts"[1]) — also die Äquitas. Man kann nicht verhindern, dafs die nachstehenden Gläubiger gegen den vorgehenden, zugleich Eigentumsberechtigten ihre Rechte geltend machen. Das spricht klar aus die

l. 1 § 1 C. si antiquior cred. VIII, 19 (20): Cum autem debitor ipsi priori creditori eadem pignora in solutum dederit vel vendiderit, non magis tibi persecutio adempta est, quam si aliis easdem res debitor venumdedisset: sed ita persequens res obligatas audieris, si, quod eidem possessori propter praecedentis contractus auctoritatem debitum est, obtuleris.

Und ihre Rechte können nimmermehr beeinträchtigt werden durch Umstände in der Person der Vorhypothekare. Deshalb mufs auch der Eigentümer-Vorhypothekar seine Rechte geltend machen, besonders das Aufrücken der Nachstehenden in die erste Stelle verhindern können. Denn wenn er auch wohl das volle Eigentum erworben hat, das Pfandrecht ist nicht völlig in seiner Person zusammengefallen.

Darum behält er auch um dieser Nachhypothekare willen, die mitbeteiligt sind, wegen ihres „begründeten Interesses"[2]) sein Pfandrecht und verhindert den Untergang. Es folgt das gleichfalls aus der eben citierten Stelle: quod eidem possessori — dem Vorhypothekar, der zugleich Eigentümer ist — propter praecedentis contractus auctoritatem debitum est. Die Durchführung der actio hypothecaria des zweiten Hypothekars wird abhängig erklärt von der Ausübung des ius offerendi — an den ersten Hypothekar.

Wegen der Besonderheiten dieses an eigener Sache bestehenden Pfandrechts sind aber auch die Wirkungen besondere. Sie ergeben sich alle aus der Unmöglichkeit, pfandrechtliche Befugnisse gegen sich selbst geltend zu machen.

Das Konfusionssubjekt kann die actio hypothecaria gegen den anstellen, der als angeblicher erster Gläubiger das Verkaufsrecht ausüben will; es kann die verlorene Sache mit der rei vindicatio oder mit der Pfandklage wieder erlangen und dergl. mehr.[3])

---

[1]) *Ihering*, a. a. O. Ähnlich *Hartmann*, a. a. O.

[2]) *Hartmann*, S. 104.

[3]) Das Recht, das *Mosler*, S. 32 ihm in seiner Eigenschaft als Pfandgläubiger zuschreibt, nämlich sich bei Verkauf durch einen Nachhypothekar (?) den Überschufs über die Pfandsumme anzueignen, dürfte ihm doch blofs in seiner Eigenschaft als Eigentümer zustehen und scheidet deshalb hier von der Betrachtung ganz aus.

Die Wirkungen dieses Pfandrechts sind also hauptsächlich negativer Art,[1]) sie sollen die Nachstehenden an der Aneignung ihres Vermögenswertes hindern. Die pfandrechtlichen Befugnisse sind also blofs soweit dem Eigentümer zuzusprechen, als sie gegen Nachhypothekare oder Dritte gehen. In allen anderen Funktionen „ruht" das Pfandrecht. Besonders darf der Eigentümer das Verkaufsrecht, in dem das Pfandrecht auch in unserem Fall[2]) gipfelt, nicht ausüben.[3]) Denn man kann nicht zu seiner Befriedigung verkaufen, was man im Eigentum hat, noch überhaupt Rechte gegen sich selbst ausüben.

Ferner würden aber auch durch die Geltendmachung dieser positiven Rechte, besonders des Pfandverkaufs, für den *Hartmann*[4]) eintritt, die nachstehenden Pfandrechte unmittelbar vernichtet werden können. Deshalb ist der Äquität wegen hier dies ebenso zu verwerfen, wie der Eintritt der Konfusion aus Rücksicht auf den Gläubiger-Eigentümer.

Wenn das Pfandrecht an eigener Sache auf einen Nichteigentümer übergeht, so wird es wieder zu einem Pfandrecht gewöhnlicher Art,[5]) es erwacht aus dem ruhenden Zustand. Der neue Pfandgläubiger succediert nur in die Stellung seines Autors als Pfandgläubigers. Freilich kann aber das Pfandrecht trotz des Bestehens von Nachhypothekaren untergegangen sein im Falle des Zusammentreffens mit dem Eigentum, wenn in dem Vereinigungsvorgang ein Verzicht auf das Pfandrecht gefunden werden mufs, was im einzelnen Fall quaestio facti ist. Vgl. l. 9 pr. D. quib. mod. XX, 6.

Umgekehrt bei einer Veräufserung durch den Hypothekar-Eigentümer in seiner Eigenschaft als Eigentümer bleibt das Pfandrecht an eigener Sache beim Veräufserer zurück als Pfandrecht an fremder Sache. Sonst erlischt das Pfandrecht an eigener Sache durch die gewöhnlichen Beendigungsgründe eines Pfandrechts, z. B. Zahlung der versicherten Forderung oder, da es ja nur wegen der Mitbeteiligung Dritter bestand, durch Vereinigung auch der nachstehenden Pfandrechte mit dem Eigentum, wodurch dann ja die Voraussetzung der Konfusion gegeben ist.

Auf die Entwickelung des Pfandrechts an eigener Sache im modernen Rechtsleben, besonders in seiner Form als Eigentümer-

---

[1]) *Windscheid*, I, § 248, 4; *Schott* sagt: nach der objektiven Seite hin.

[2]) *Dernburg*. Pand. I, § 292, 3.

[3]) Ebenso *Wieszner*, Das Pfandrecht an der eigenen Sache, S. 61. — Dagegen *Hartmann*, a. a. O. S. 100.

[4]) A. a. O. S. 100.

[5]) *Windscheid* und *Hartmann*, a. a. O. — Folgerichtig mufs *Dernburg*, Pfandrecht, Bd. II, S. 568 dies verneinen.

hypothek und Grundschuld kann hier nicht eingegangen werden. Es stellt, wenn auch nicht einen Gegensatz gegen das römische Recht,[1] so doch eine von ganz anderer Grundlage ausgehende selbständige Entwickelung dar.

Das Pfandrecht an eigener Sache ist sonach ein Fall, in dem ein Recht, wiewohl vollkommen bestehend, nur in einer bestimmten Richtung wirksam wird[2] — nämlich gegen die Nachhypothekare und Dritten. Ähnlich verhält es sich mit den Fällen, in denen keine körperliche Sache, wie bisher stets vorausgesetzt wurde, sondern ein Recht an einer (fremden) Sache verpfändet wird.

Hier haben wir es also mit drei Personen zu thun: Dem Eigentümer, dem dinglich Berechtigten, zugleich Pfandschuldner und dem Pfandnehmer, dem z. B. die Ausübung des Niefsbrauchs verpfändet ist. Folgende Konfusionsfälle sind zu unterscheiden:

1. Der Pfandgläubiger beerbt den Eigentümer — oder umgekehrt: Die rechtliche Lage bleibt dieselbe wie vorher. Der dinglich Berechtigte, z. B. der Niefsbraucher, bleibt weiter dem Pfandgläubiger zur Gewährung der Niefsbrauchsvorteile verpflichtet. Es ist auf seine Verpflichtung ohne Einflufs, wer das Eigentumsrecht hat, denn von einem vollständigen Zusammenfallen von Recht und Belastung ist offensichtlich gar keine Rede. Aber freilich ist die Besonderheit zu beachten, dafs der Niefsbraucher dem Pfandgläubiger zu leisten hat, was er von ebendemselben in seiner Eigenschaft als Eigentümer erlangt hat. Es wird praktisch und thatsächlich deshalb meist auf ein Ruhen des Pfandrechts hinauslaufen, ohne dafs damit die rechtliche Wirkung geändert wäre.

2. Der Pfandgläubiger beerbt den Pfandschuldner, den dinglich Berechtigten — oder umgekehrt: Dann treten die allgemeinen, eben entwickelten Rechtssätze ein: Das Pfandrecht geht unter.

3. Der wichtigste Fall ist folgender: Der Inhaber des dinglichen Rechts an fremder Sache, der Pfandschuldner — beispielsweise der Superficiar — erwirbt das Eigentum, oder umgekehrt der Eigentümer ererbt oder erwirbt in sonst anderer Weise das superficiarische Recht: die Personen des verpfändeten Rechtsverhältnisses werden eine Person. Was wird aus dem Pfandgläubiger?

Wir begegnen hier — gewissermafsen von der Rückseite gesehen — demselben Fall, den wir oben bei der Servitut[3] schon behandelten. Es wurde dort bereits ausgeführt, dafs an einen Untergang des verpfändeten Rechts schon deshalb nicht zu denken sei, weil ohne jeden erkennbaren Grund der Wert des Pfandrechts ganz

---

[6] *Dernburg*, Pand. I, § 292, 3

[7] *Windscheid*, I, §§ 65, 225, 248 Anm. 11.

[8] Siehe S. 21 ff.

aufgehoben würde. Dies soll von den späteren Schicksalen des Eigentümers unabhängig bleiben.[1]) In dieser praktischen Erwägung lag bereits der allgemein mafsgebende Gesichtspunkt: Mitbeteiligung Dritter hindert den Untergang des Rechtes beim Zusammentreffen von Recht und Belastung. In unserem Fall erfolgt also Erhaltung des Rechtes der Superficies wegen des Pfandrechts, aber nicht blofs fürs Pfandrecht. Freilich wird dann die merkwürdige Erscheinung eintreten, dafs der Eigentümer mit der Fülle seiner Rechte jetzt nach wie vor dem Pfandgläubiger die Ausübung des dinglichen Nutzungsrechtes zugestehen mufs, und dafs umgekehrt dem Inhaber des Nutzungsrechtes die Konsolidation nichts frommte.

---

## B. Die Konfusion bei obligatorischen Rechten.

### § 5. 1. Voraussetzungen.

Schon oben wurde darauf hingewiesen, dafs die Konfusion bei obligatorischen Rechtsverhältnissen nach denselben Grundsätzen vor sich geht, wie bei den dinglichen. Der Rechtsgrund der Konfusion wird hier sogar noch deutlicher. Bei dem Schuldverhältnis stehen sich Gläubiger und Schuldner, Berechtigter und Verpflichteter, mit völlig entgegengesetzten Interessen einander gegenüber. Fallen diese beiden zum Wesen des Schuldverhältnisses gehörigen Gegensätze zusammen, so entfällt damit sein Boden.

Die Einheitlichkeit des Institutes der Konfusion wird uns aber nicht nur bei den Normalfällen, sondern auch bei den Ausnahmen entgegentreten.

Das Zusammenfallen der beiden Seiten eines Schuldverhältnisses in einer Person kann entweder durch Einzel- oder durch Gesamtnachfolge geschehen. Bei der Betrachtung der dinglichen Rechte konnte diese Unterscheidung bei seite gelassen werden; denn in den uns interessierenden Beziehungen ist es hier durchaus gleichgültig, ob der Übergang in der einen oder anderen Weise erfolgte. Bei den obligatorischen Rechten dagegen müssen beide Arten der Rechtsnachfolge auseinander gehalten werden.

Durch Erbgang — alle anderen Fälle der Gesamtrechtsnachfolge, die namentlich das ältere römische Recht sonst noch kennt, interessieren uns hier nicht — gehen sämtliche Rechtsverhältnisse des Erblassers als Einheit auf den Erben über in der Gestalt, wie sie beim Tode des Erblassers bestanden.[2])

[1]) *Windscheid*, I, § 237 Anm. 19.

[2]) *Windscheid*, III, § 605; *Dernburg*, Pand. III, § 55.

Dementsprechend tritt dann auch im Moment des Übergangs auf den Erben — also mit dem Erbschaftsantritte — Zusammenfall des Rechtsverhältnisses ein. Das ist heute so allgemein anerkannt, dafs die abweichende Ansicht einiger Älterer, z. B. *Puchtas*[1]) und *v. Scheurls*[2]) nicht mehr berücksichtigt zu werden braucht.

Eine Singularsuccession in Obligationen aber giebt es bekanntlich im römischen Rechte noch nicht. Nur auf Umwegen ist ein ähnliches Resultat zu erreichen. Heute aber ist unzweifelhaft ein Übergang des Forderungsrechtes durch Abtretung an einen neuen Gläubiger — Cession — und ein Übergang der Verpflichtung durch Schuldübernahme von seiten eines neuen Schuldners möglich.[3]) Auf jede dieser Arten kann also der Konfusionsfall gegeben sein. Dabei tritt der Schuldner durch die Cession in die Stellung des Gläubigers und umgekehrt der Gläubiger durch die Schuldübernahme in die des Schuldners. Das Schuldverhältnis, das seinem Wesen nach zwei sich gegenüberstehende Personen, zwei selbständige getrennte Willen[4]) zum Fortbestande wie zur Entstehung voraussetzt, kann also in dieser einen Person nicht fortbestehen und geht gleichzeitig mit dem Zusammenfallen wegen Daseinsunfähigkeit unter.[5])

Auch diese von der herrschenden Ansicht angenommenen Sätze stehen nicht unbestritten da. *Baron*[6]) besonders will nicht zugeben, dafs jemand zugleich Schuldner und Gläubiger w e r d e n kann und will sich damit helfen, dafs die Forderung garnicht auf den Schuldner übergehen könne.[7]) Sie sei vom Erwerbe ausgeschlossen und gehe deshalb mangels Subjekts unter. Man hat mit Recht dem gegenüber darauf hingewiesen,[8]) dafs schon der Ausdruck: Konfusion die Möglichkeit des Zusammenfallens von Gläubiger- und Schuldnereigenschaft beweist, dafs die Quellen häufig von solcher Doppelstellung handeln, z. B. l. 71 pr. D. de fideiuss. 46, 1 und l. 107 D. de solut. 46, 3.[9]) Es ist aber auch ein Rechtsverhältnis, das um seiner subjektiven Beziehungen willen vom Erwerbe ausgeschlossen sein soll, etwas ganz Anomales.

---

[1]) Vorlesungen, § 447.

[2]) Beiträge zur Bearbeitung des Romischen Rechts, S. 41; auch *Kuntze*, die Obligation, S. 217 ff.

[3]) *Windscheid*, II, § 329; *Dernburg*, Pand. II, § 47.

[4]) *Schwedler*, S. 60.

[5]) Vgl. *Windscheid*, II, § 552.

[6]) Gesamtrechtsverhältnisse, S. 340 ff.

[7]) Ebenso Erkenntnis des O.A.G. in Rostock bei *Budde*, Bd. VIII, S. 127.

[8]) *Windscheid*, II, § 352, Anm. 5; *Dernburg*, Pand. II, § 67, Anm. 4; auch *Schwedler*, S. 9 ff. bekämpft *Baron* ausfuhrlich.

[9]) Abgedruckt unten S. 48 und 36.

*Windscheid*[1]) hat zur Stütze der Ansicht, dafs Rechtsnachfolge stattfindet und dabei Untergang eintritt, noch die l. 7 § 1 D. de stip. serv. XLV, 3 herangezogen und damit viel Lob geerntet.[2]) Ich glaube, zu Unrecht.[3])

L. 7 § 1 cit., *Ulpianus:* Si servus communis ab uno ex sociis stipulatus sit, si quidem nominatim alteri socio, ei soli debetur: sin autem sine ulla adiectione pure stipulatus sit, reliquas partes is servus ceteris sociis praeter eam partem, ex qua promissor dominus esset, adquiret.

Der Sklave läfst sich nicht als Stellvertreter, sondern im Namen des Herrn die Leistung versprechen.[4]) Der Herr ist also selbst Kontrahent. Er kann von vornherein gar nicht in das Vertragsverhältnis der socii als Schuldner hineingezogen werden. Das deutet auch *Ulpian* mit seiner Entscheidung an: ex qua dominus esset — d. h. wenn für diesen Teil überhaupt ein Vertrag zustande gekommen wäre. Das ist nicht so zu denken, als ob in einem Augenblick der Herr des Sklaven Gläubiger und Schuldner geworden und mit diesem Zusammentreffen das Schuldverhältnis vernichtet wäre. Die Thatsache der Konfusion würde auch wohl entsprechend den anderen davon handelnden Stellen anders zum Ausdruck gebracht worden sein. Dafs die übrigen socii nun nicht die ganze Summe erhalten, sondern nur jeder den auf ihn entfallenden Anteil, kommt daher, dafs sie durch ihren gemeinsamen Sklaven eben nur Anspruch auf einen ihrem Eigentumsanteil entsprechenden Teil haben. Da von $^4/_4$ z. B. $^1/_4$ aus den angegebenen Gründen nicht entstehen konnte, handelt es sich überhaupt nur noch um die entstehenden $^3/_4$, in die sich die drei übrigen socii teilen.

---

[1]) A. a. O.

[2]) *Dernburg*, Pand. II, § 67, A. 4; *Kretschmar*, S. 48; *Stammler*, das Recht der Schuldverhältnisse, S. 261; *Schwedler*, S. 14 ff. u. A. m.

[3]) Ebenso *Mosler*, S. 34; *Friedmann*, S. 32.

[4]) *Schwedler*, a. a. O. läfst zunächst den dominus mit dem servus communis kontrahieren. Hinterher soll er erst entsprechend dem Grundsatz, dafs der Sklave ipso iure seinem Herrn erwirbt, eine Forderung gegen sich selbst erhalten. Da es sich aber hier um die Frage handelt, ob eine Obligation ins Leben gerufen werden kann, deren Gläubiger und Schuldner ein und dieselbe Person ist, so mufs *Schwedlers* Gegenüberstellung mit dem praelegatum in eine Gleichstellung mit ihm verwandelt werden. Interessant ist, das *Schwedler*, S. 17, Anm. 18 die Härten der l 116 § 1 D. de leg. I. — Umkehrung der Erbanteile für das Prälegat — bei „zweckmäfsigerer" Annahme einer Konfusion fürs Prälegat vermieden glaubt Dafs das Prälegat nicht unter den Gesichtspunkt der Konfusion gebracht werden kann, betont er sonst gerade sehr richtig. Denn Konfusion ist Zusammenfallen der bereits getrennt bestehenden Gegensätze eines Schuldverhältnisses.

Nicht als Konsequenz der Ansicht, die bei Cession Übergang verneint, sondern als vernünftige Auslegung der Parteiabrede mufs es aufgefafst werden, wenn die Konfusion unterbleibt, weil das der Cession zu Grunde liegende Rechtsgeschäft ausdrücklich den Untergang der Forderung nicht beabsichtigte. Die Cession kann z. B. erfolgen nur als Ermächtigung, anderweitig über die Forderung zu verfügen. Ganz unzutreffend ist aber *Friedmanns* auf das citierte höchstinstanzliche Erkenntnis gestützte Ansicht, auch der Untergang der Forderung — die regelmäfsige Folge der Cession — trete kraft eines nach Parteiwillen darinliegenden Erlasses ein und nicht gerade durch die aufserhalb dieses Willens liegende Thatsache, dafs die Obligation durch die Cession in einen ihrem Wesen zuwiderlaufenden Zustand gebracht ist.

Eine wesentliche Unterstützung der oben ausgesprochenen Wirkung des Zusammentreffens von Forderung und Schuld, dafs der Untergang unmittelbar ipso jure erfolgt, bietet die Betrachtung der Konfusion bei Noxalklagen. Es handelt sich um das Zusammenkommen des Noxalanspruches des Geschädigten — des Noxalgläubigers — und des Eigentums, bezw. der potestas über das Hauskind, cuius caput noxa sequitur.

Nach der von *Justinian* in § 6 J. de noxal. act. IV, 8 aufgenommenen Ansicht der Sabinianer[1]) zerstört die Konfusion die Noxalansprüche objektiv: .... unde si alienus servus noxiam tibi commiserit et is postea in potestate tua esse coeperit, intercidit actio, quia in eum casum deducta sit, in quo consistere non potuit: ideoque licet exierit de tua potestate, agere non potes ....

Ebenso l. 37 D. de noxalib. act. IX, 4 und l. 18, 65 (64) D. de furtis XLVII, 2.

Die Meinung der Prokulianer, dafs die Klage nicht vernichtet wird, sondern nur ruhe während der Vereinigung wegen faktischer Unmöglichkeit, hinterher aber bei Veräufserung des Eigentums, des Noxalobjekts, wieder auflebe, hat unter den Neueren noch *Savigny* und *Vangerow*[2]) in ihrer Ansicht gegen die zerstörende Kraft der Konfusion überhaupt unterstützt.

*Savigny*[3]) meint, dafs durch das Zusammentreffen nicht sowohl das Dasein der Obligation berührt, als vielmehr nur die persönliche Beziehung derselben betroffen werde. Die Erfüllung werde dadurch unmöglich, dafs Niemand an sich selbst leisten und gegen sich selbst klagen könne. Die herrschende Meinung, wie zur Zeit

---

[1]) Vgl. *Gaius*, IV, 78.

[2]) Pand. III, § 573, II, 1.

[3]) Obligationenrecht, Bd. I, S. 196.

*Justinians*, so auch heute verwirft diese Ansicht. Es ist zum Dasein der Obligation nichts wesentlicher als das Vorhandensein zweier Personen mit entgegengesetzten Interessen. So definiert schon *Paulus* in l. 3 pr. D. de O. et. A. XLIV, 7 das Wesen der Obligation dahin: ut alium nobis obstringat.

---

## § 6. 2. Hauptobligation.

Trifft die Forderung und die Schuld in derselben Person zusammen, so erlischt die Obligation durch Konfusion ipso iure für immer im Moment des Zusammentreffens. Denn die für das Dasein der Obligation notwendige Spannung zwischen Berechtigtem und Verpflichtetem, zwischen Gläubiger und Schuldner ist fortgefallen und Niemand kann sein eigener Schuldner sein oder Rechte gegen sich haben.[1])

L. 75 D. de solut. XLVI, 3, *Modestinus:* Sicut acceptilatio in eum diem praecedentes peremit actiones, ita et confusio: nam si debitor heres creditori exstiterit, confusio hereditatis peremit petitionis actionem.

L. 107 D. eod., *Pomponius:* Verborum obligatio aut naturaliter resolvitur aut civiliter: naturaliter veluti solutione aut cum res in stipulationem deducta sine culpa promissoris in rebus humanis esse desiit: civiliter veluti acceptilatione vel cum in eandem personam ius stipulantis promittentisque devenit.[2])

L. 71 pr. D. de fideiuss. XLVI, 1, *Paulus:* .... ubi successit creditor debitori, veluti solutionis iure sublata obligatione . . .

L. 95 § 2 D. de solut. XLVI, 3; l. 1 § 18 D. ad leg. Falcid. XXXV, 2; l. 7 C. de pactis II, 3.

Das Resultat ist — ökonomisch,[3]) nicht juristisch — in der Regel also bei der Konfusion, dafs der Gläubiger trotz des Unterganges des Schuldverhältnisses den Wert der Forderung in sich hat, bezw. dafs der Schuldner von seiner Schuld befreit wird. Insoweit — freilich nicht allgemein[4]) — hat die Konfusion Ähnlich-

---

[1]) Selbst *Girtanner*, Burgschaft, S. 506 hält dies fur die nächstliegende Erklärung. — Vgl. oben fur die dinglichen Rechte das Analogon: nulli res sua servit.

[2]) Eine höchst anfechtbare Gruppierung! Vgl. *Friedmann*, S. 38. Oder hat *Pomponius* sich die confusio als imaginaria solutio — siehe unten — gedacht?

[3]) *Fitting*, die Natur der Korrealobligation, S. 125.

[4]) Vgl. *Schwedler*, S. 30 ff.

keit mit der Kompensation, die die Quellen zur Vergleichung auch einigemal heranziehen, ohne jedoch daraus weitere Folgerungen herzuleiten:

L. 33 D. soluto matrim. XXIV, 3, *Africanus:* Quae dotis nomine certam pecuniam promiserat, quosdam adhibuerat, qui stipularentur partem dotis distracto matrimonio sibi solvi: ea nulla data dote obierat eodem marito suo herede relicto: is damnosam hereditatem eius adierat. nihilo minus stipulatoribus tenebitur, quoniam adeundo hereditatem debitricis intellegeretur secum pensasse: nec ad rem pertinere, quod solvendo non esset hereditas, quando ceteris etiam creditoribus teneatur.

Wohl aber thut dies *Kretschmar*,[1]) der in der Konfusion einen Fall der „Erwerbskompensation" sieht. Das Forderungsrecht des secum pensans sei durch die Konfusion aufgehoben und der Forderungsberechtigte müsse dieser Aufhebung den Charakter einer „satisfaktionsmäfsigen Befriedigung" [2]) seiner Forderung beilegen.

So ist der Vorgang nicht aufzufassen. Wäre der Gläubiger-Schuldner nicht selbst Gläubiger, so müfste er, was er nun behält, einem anderen leisten. Diese Zahlung erspart er; denn Niemand kann an sich selber zahlen oder leisten. Eine solche Leistung an sich selbst zu fingieren, wäre eine leere Form und ist überflüssig. Der Gläubiger hat aber in dem Werte des Nachlasses seines Schuldners sein Äquivalent.

Um deswillen vergleichen viele Quellenstellen die Konfusion mit der Zahlung: die Wirkung beider sei ja gleich, sei Liberation.

L. 50 D. de fideiuss. XLVI, 1, *Papinianus:* .... obligatio ratione confusionis intercidit aut (quod est verius) solutionis potestate ....

L. 71 pr. D. eod., *Paulus:* .... veluti solutionis iure sublata obligatione ....

L. 21 § 1 D. de liber. leg. XXXIV, 3, *Terentius Clemens:* .... confusione perinde extinguitur obligatio ac solutione.

L. 95 § 2, § 8 D. de solut. XLVI, 3.

L. 41 § 2 D. de evict. XXI, 2, *Paulus:* .... quoniam et cum debitor creditori suo heres exstiterit, ratio quaedam inter heredem et hereditatem ponitur et intellegitur maior hereditas ad debitorem pervenire, quasi soluta pecunia quae debebatur hereditati, et per hoc minus in bonis heredis esse ....

---

[1]) Secum pensare, S. 40.

[2]) Darüber unten.

Gerade aus dieser Stelle haben *Ribbentrop* und *Kuntze* [1]) gefolgert, die Konfusion sei eine vom Rechte fingierte Selbstbefriedigung, indem sie aus der Vergleichung eine Identifizierung machten.[2]) Ganz mit Unrecht: „Die Konfusion wirkt wie Solution" deutet garnicht auf den Erfolg, sondern den Vorgang, heifst einfach: die Obligation wird völlig aufgehoben.

Nicht anders stellt die l. 107 D. de sol. XLVI, 3 [3]) die Konfusion in der Wirkung: civiliter resolvitur mit der acceptilatio zusammen und niemand wird deshalb die beiden Institute sonst vergleichen. Dafs sich der Vergleich mit der Solution am häufigsten in den Quellen vorfindet, beruht darauf, dafs sie den Grundtypus der Beendigungsgründe der Obligation darstellt.[4]) Damit ist keineswegs gesagt, dafs sie Solution sei. Denn niemand kann mit dem, was er schon im Eigentum hat, wirksam bezahlt werden. Durch die Konfusion ist gerade im Gegenteil die vorzunehmende Leistung vereitelt, der Gläubiger durchaus nicht materiell befriedigt.[5]) Wie *Stammler* [6]) richtig hervorhebt, ist deshalb der Untergang durch Konfusion der Zahlung stracks entgegengesetzt.

Bei all diesen Vergleichen, die dem Problem der Konfusion von möglichst verschiedenen Gesichtspunkten beizukommen suchen, darf aber nie vergessen werden, dafs die Konfusion ein selbständiger Tilgungsgrund der Obligation ist,[7]) dafs es auf die Befriedigung des Gläubigers garnicht ankommt. Die ganze Solutionstheorie mutet wie ein Rudiment an mit ihrer Grundlage in der Erbenrepräsentationstheorie *Puchtas*. Eine Lösung des Problems der Konfusion hat sie mit ihrer Künstlichkeit nicht gebracht. Sie kann auch jetzt besonders seit *Fittings* Ausführungen [8]) als abgethan gelten.

*Mosler* [9]) bekämpft sie ebenfalls. Doch ist seiner eigenen Ansicht schwer zu folgen. Er unterscheidet, dafs das Konfusionssubjekt rechtlich nicht befriedigt ist, thatsächlich aber doch den

---

[1]) *Ribbentrop*, Zur Lehre von den Korrealobligationen, S. 25 und 270; *Kuntze*, die Obligation, § 51 S. 217 ff., sowie die Obligationen in römischem und heutigem Rechte, 1886, S. 164 ff. Ähnlich vorher schon *Girtanner*, a. a O, § 38 S. 502 ff, der seine Lehre auf den selbständigen Fortbestand der Erbschaft noch nach dem Erbschaftsantritt gründet Dagegen oben S. 32.

[2]) Vgl. *Schwedler*, S. 23 und auch *Friedmann*, S. 33 ff.

[3]) Abgedruckt auf S. 36.

[4]) Ebenso *Schwedler*, S. 25.

[5]) Vgl *Eisele* in *Iherings* Jahrb. Bd. XXXI, S. 406.

[6]) Das Recht der Schuldverhaltnisse, S. 258.

[7]) Vgl. *Stammler*, a. a. O.

[8]) *Fitting*, a. a. O, S. 121.

[9]) A. a. O. §. 6.

Wert seiner Forderung erhalten hat und kommt zu dem Resultat, dafs auf diese Weise die Konfusion schliefslich doch wie Befriedigung wirke. —

Die Vergleichung mit der Zahlung erhellt aber nicht nur die Vorgänge, die bei der Konfusion statthaben, ihr ist auch für die Lehre von den Wirkungen derselben eine wichtige Folgerung zu entnehmen: Die Aufhebung der Obligation ist vollständig. Beim Untergange bleibt auch keine Naturalobligation zurück. Der Satz klingt selbstverständlich, denn ob civilis oder naturalis, eine obligatio setzt stets zwei Personen voraus. Trotzdem sind grofse Juristen, *v. Savigny*[1]) und *Brinz*[2]) z. B., dafür eingetreten.

Aus der hier vertretenen Auffassung vom Wesen der Konfusion ergeben sich wesentliche Folgesätze:

1. Wird der Gläubiger durch seinen Schuldner oder umgekehrt nur zum Teil beerbt, so tritt, soweit der Grundsatz nomina sunt ipso jure divisa gilt,[3]) Untergang auch nur zum entsprechenden Teile ein nach Mafsgabe des Erbteils des Teilerben.

L. 50 D. de fideiuss. XLVI, 1, *Papinianus:* Debitori creditor pro parte heres extitit accepto coherede fideiussore: quod ad ipsius quidem portionem attinet, obligatio ratione confusionis intercidit aut (quod est verius) solutionis potestate: sed pro parte coheredis obligatio salva est non fideiussoria, sed hereditaria, quoniam maior tollit minorem.

L. 1 C. de act. hered. IV, 16: Pecuniam, quam tibi a matre debitam fuisse dicis, ab heredibus eius coheredibus tuis pro parte tibi competenti petere debes. sed et res, si quae tibi ob idem debitum obligatae sunt, persequi non prohiberis.

L. 7 C. de bonis VII, 72 .... cum ultra eam portionem successit actio non confundatur ....[4])

2. Wenn der Gläubiger den Gegenstand der konfundierten Forderung einem Dritten herausgeben mufs, so besteht für ihn nach dem Eintritt der Konfusion die Verpflichtung weiter, selbst wenn der Konfusionsvorgang praktisch so gut wie wertlos war. L. 33 D. solut. matrim. XXIV, 3.[5])

Trotzdem aus der überschuldeten Erbschaft nichts auf die Forderung des Ehemanns auf die versprochene dos gekommen ist,

---

[1]) Obligationenrecht, Bd. I, S. 79 und System, Bd. V, S. 393 Note 9.

[2]) Pand. II, S. 49.

[3]) Sonst würde analog dem oben besprochenen Grundsatze servitus per partem retinetur (siehe S. 16) der Untergang ausgeschlossen sein. Vgl. *Mosler*, S. 46.

[4]) Ferner l. 7 C. de negot. gest. II, 18 (19).

[5]) Abgedruckt auf S. 37.

mufs er dem Dritten den von der Erblasserin versprochenen Teil der dos herausgeben. Der Grund ist mit *Schwedler* [1]) in dem absoluten Verpflichtungsgrund der Stipulation zu sehen. Der Mann bleibt also gebunden auch nach Erlöschen der Dotalforderung.

3. Umgekehrt verliert der Schuldner ein ihm zustehendes Regrefsrecht nicht dadurch, dafs er durch Konfusion frei wird: [2])

L. 41 § 2 D. de evict. XXI, 2, *Paulus:* Si is, qui fundum emerit et satis de evictione acceperit et eundem fundum vendiderit, emptori suo heres exstiterit, vel ex contrario emptor venditori heres exstiterit: an evicto fundo cum fideiussoribus agere possit, quaeritur. existimo autem utroque casu fideiussores teneri, quoniam et cum debitor creditori suo heres exstiterit ratio quaedam inter heredem et hereditatem ponitur et intellegitur maior hereditas ad debitorem pervenire, quasi soluta pecunia quae debebatur hereditati, et per hoc minus in bonis heredis esse: et ex contrario cum creditor debitori suo exstiterit heres, minus in hereditate habere videtur, tamquam ipsa hereditas heredi solverit [3]). sive ergo is qui de evictione satis acceperat emptori cui ipse vendiderat sive emptor venditori suo heres exstiterit, fideiussores tenebuntur. et si ad eundem venditoris et emptoris hereditas reciderit, agi cum fideiussoribus poterit.

Es ist belanglos, dafs die Schuld des Verkäufers wegen der Eviktion durch Konfusion untergegangen ist. Denn die Konfusion wird angesehen als ebenso wirkend wie Leistung. Gerade in diesem Falle sehen wir, dafs es sich nicht blofs um theoretische Spitzfindigkeiten handelt, sondern um Sätze von gröfster praktischer Wichtigkeit, da, wo die Mitbeteiligung Dritter in Frage steht. Denn ohne diese Auffassung würde der Eviktionsbürge ohne ausreichenden Grund von seiner Verpflichtung frei. So haben wir hier also das dem Konfusionssubjekt günstige Gegenstück des vorigen Falls und erkennen nun erst recht an diesen beiden Grenzfällen den Wert der Lehre der Quellen überhaupt.

Klar ergiebt sich das auch aus der zweiten hierher gehörigen Stelle:

L. 30 D. eod. (XXI, 2), *Pomponius:* Si emptori, qui stipulatus sit furtis noxisque solutum esse, heres extiterit is, cui servus furtum fecerit, incipit is ex stipulatu actionem habere, quemadmodum si ipse alii praestitisset.

Der Käufer hat sich von seinem Verkäufer versprechen lassen, dafs an dem gekauften Sklaven keinerlei Noxalansprüche haften.

---

[1]) A. a. O., S. 50. *Kretschmar* kommt von der zitierten Stelle aus — siehe oben S. 37 — zu seiner Kompensationstheorie.

[2]) Vgl. *Windscheid*, II, § 352.

[3]) Hierüber siehe Nr. 4, S. 41.

Der Noxalgläubiger beerbt nun den Käufer. *Pomponius* entscheidet entsprechend dem oben entwickelten Prinzip: dafs ihm gegen seinen Verkäufer die Klage zustehe, obwohl der Fall thatsächlicher noxae deditio durch die Konfusion verhindert wurde. Er wird aber als geschehen angesehen.

4. Der Schuldner befriedigt die Erbschaft und der Gläubiger befriedigt sich zunächst aus der Erbschaft:

L. 41 § 2 D. eod. XXI, 2, *Paulus:* .... cum debitor creditori suo heres exstiterit, ratio quaedam inter heredem et hereditatem ponitur et intellegitur maior hereditas ad debitorem pervenire, quasi soluta pecunia quae debebatur hereditati, et per hoc minus in bonis heredis esse: et ex contrario cum creditor debitori suo exstitit heres, minus in hereditate habere videtur, tamquam ipsa hereditas heredi solverit ....

So werden die Verhältnisse angesehen in Anbetracht der auf dem Nachlafs ruhenden Lasten, damit nicht Dritte ohne Rechtsgrund übervorteilt oder auf Kosten der Erben bereichert werden. Deshalb werden die Legate vom Gläubiger-Erben berechnet vom Bestand der Erbschaft, der verbleibt nach Abzug der Forderung. Auch die Falzidische Quart wird berechnet von dieser Summe, so dafs sich der Erbe bei ihrer Berechnung seine Forderung nicht in die Erbschaft einzurechnen braucht.

L. 15 § 3 D. ad leg. Falcid. XXXV, 2, *Papinianus:* Quod avus ex causa tutelae nepoti debuit, cum avo nepos solus heres exstitisset, ratio Falcidiae si poneretur, in aere alieno bonis deducendum respondi ....

L. 6 pr. C. eod. (VI, 50): In ponenda ratione legis Falcidiae omne aes alienum deducitur, etiam quod ipsi heredi mortis tempore debitum fuerit, quamvis aditione hereditatis confusae sint actiones.

Der Schuldner-Erbe berechnet die Legate unter Hinzurechnung dessen, was er dem Verstorbenen schuldig war.[1])

L. 1 § 18 D. eod., *Paulus:* Si debitor creditori heres existat, quamvis confusione liberetur, tamen locupletiorem hereditatem percipere videtur, ut computetur ei quod debet, quamvis aditione confusum sit.

L. 54 D. eod.

Nach einer Entscheidung des O. A. G. zu Oldenburg[2]) ist dies auch auf den Fall auszudehnen, dafs der Niefsbrauch der Erbschaft vermacht ist. Der Erbe darf einen Betrag abziehen, der seiner durch Konfusion untergegangenen Forderung entspricht.

L. 43 D. de usu et usu fructu XXXIII, 2, *Venuleius:* ... nam

---

[1]) Vgl. *Windscheid,* III, § 605.

[2]) *Seuffert,* Archiv, Bd. XV, 18.

si bonorum usus fructus legabitur, etiam aes alienum ex bonis deducetur, et quod in actionibus erit, computabitur ....

Da das Zusammentreffen der beiden Seiten des Schuldverhältnisses in der einen Person ein dauerndes sein mufs, so stehen folgende Fälle, in denen thatsächlich keine Konfusion eingetreten ist, nicht im Widerspruch mit den allgemeinen bisher entwickelten Regeln.

1. Der Erwerb der Erbschaft wird hinterher wieder aufgehoben, z. B. im Falle der Rescission des Testaments oder Pflichtteilsverletzung. Hier war die Konfusion nur eine scheinbare, die Forderung bleibt also bestehen.

L. 21 § 2 D. de inoff. test. V, 2, *Paulus:* Idem respondit, evicta hereditate per inofficiosi querellam ab eo qui heres institutus esset, perinde omnia observari oportere, ac si hereditas adita non fuisset ...

L. 95 § 8 D. de solut. XLVI, 3, *Papinianus:* Si creditor debitoris hereditatem ad se non pertinentem possedit et tantum ad eum pervenit, quantum, si quilibet alius bonorum possessor ei solveret, liberaret heredem, non potest dici fideiussores liberari: neque enim ipsum sibi solvisse pecuniam credendum est, a quo hereditas evincitur.

Dasselbe gilt bei der Ereption wegen Indignität. Es tritt Restitution der Ansprüche ein. Nur wenn der Erbe seine Unwürdigkeit kannte und trotzdem die Erbschaft antrat, werden die durch Konfusion untergegangenen Rechtsverhältnisse — gleichsam zur Strafe — nicht wiederhergestellt.

L. 17 D. de his quae ut indign. XXXIV, 9, *Papinianus:* Heredem, qui sciens defuncti vindictam insuper habuit, fructus omnes restituere cogendum existimavi nec probe desideraturum actionem confusam restitui: deceptum autem ignoratione facti bonae fidei possessoris defensionem habiturum ante motam scilicet controversiam, si ratio fructuum subducatur, nec improbe actionem reddi postulaturum.

L. 8 D. eod; l. 29 §§ 1, 2 D. de iure fisci XLIX, 14.

2. Beim Antritt der Erbschaft cum beneficio inventarii tritt nach l. 22 § 9 C. de iure deliber. VI, 30:

... sin vero et ipse aliquas contra defunctum habebat actiones, non eae confundantur, sed similem aliis creditoribus per omnia habeat fortunam, temporum tamen praerogativa inter creditores servanda —

keine Konfusion der Forderungen den Erbschaftsgläubigern gegenüber ein, und analog auf Grund von *Windscheids* Autorität[1]) auch

[1]) Pand. III, § 606, 3, A. 14.

keine der dinglichen Rechte. Ein solcher Erbe steht der Erbschaft ja wie ein fremder Gläubiger gegenüber, der Nachlafs führt sein selbständiges Dasein weiter. Notwendige Folge ist, dafs Forderungen der Erben gegen den Erblasser die Masse mindern, umgekehrt Schulden sie vermehren.[1])

3. Dasselbe gilt, wenn die Nachlafsgläubiger ihr Absonderungsrecht geltend machen. Die abweichende Ansicht *Dernburgs*,[2]) dafs auf Grund von l. 1 § 16 D. de sep. XLII, 6 die Konfusion nur aufgehoben sein soll zu Gunsten der Masse, nicht auch der Erben, folgt nicht aus dem Zweck des Instituts,[3]) die Nachlafsgläubiger gegen Überschuldung des Erben zu schützen. Wenn dem Erben einmal die Einwirkung auf den Nachlafs genommen ist, ist nicht einzusehen, warum er dann nicht auch als Gläubiger dem Nachlafs gegenüber treten soll; dadurch erleiden die anderen keinen ungerechtfertigten Nachteil. Aus der Stelle *Ulpians:*

Quaesitum est, si forte sint plures creditores, quidam secuti heredem, quidam non secuti, et hi, qui heredem secuti non sunt, impetraverint separationem, an eos secum admittant, qui secuti sunt. et putem nihil eis prodesse: hos enim cum creditoribus heredis numerandos scheint solche Entscheidung auch nicht zu folgen.

4. Die Erbschaft wird an einen Dritten verkauft. Die konfundierten Forderungen und Schulden leben nicht von selbst wieder auf,[4]) aber es wird künstlich der ökonomische Erfolg des Erbeseins in der Person des Käufers hergestellt. Jeder Teil kann vom anderen zu dem Zwecke Wiederherstellung der untergegangenen Rechtsverhältnisse verlangen: „aequissimum videtur emptorem hereditatis vicem heredis optinere“.[5]) Derselbe kann also den Betrag der untergegangenen Forderung bei der Herausgabe zurückhalten, nötigenfalls ihn mit der actio venditi beanspruchen, er mufs sich allerdings auch seine Schulden anrechnen lassen.[6])

L. 24 D. de hered. vel act. vend. XVIII, 4, *Labeo:* Hereditatem Cornelii vendidisti: deinde Attius, cui a te herede Cornelius

---

1) Vgl. *Dernburg*, Pand. III, § 171, 2.

2) Pfandrecht, II, S. 590.

3) Vgl. *Dernburg*, Pand. III, § 170.

4) *Dernburg*, Pand. II, § 67. Vgl. A.L.R. I, 11 § 455: Selbst die Rechte und Pflichten des Erben in Ansehung der Person des Erblassers und der zum Nachlafs gehörigen Sachen, bleiben, wenn nicht ein Anderes verabredet worden, ungeändert. § 456. Die Sache wird daher so genommen, als wenn die Erbschaft sogleich dem Käufer und nicht dem Verkäufer angefallen wäre.

5) L. 2 § 18 D. de hered. vend. XVIII, 4.

6) Hier tritt der „Solutionseffekt“ der Konfusion, den *Mosler* (S. 44) *Friedmanns* Rücksicht auf die Billigkeit gegenüber so stark betont, nicht hervor. Die Sätze ergeben sich vielmehr aus dem Wesen des Erbschaftskaufs.

legaverat, priusquam legatum ab emptore perciperet, te fecit heredem: recte puto ex vendito te acturum ut tibi praestetur, quia ideo eo minus hereditas venierit, ut id legatum praestaret emptor, nec quicquam intersit, utrum Attio, qui te heredem fecerit, pecunia debita sit, an legatario.

L. 2 § 19 D. eod., *Ulpianus:* Et si servitutes amisit heres institutus adita hereditate, ex vendito poterit experiri adversus emptorem, ut servitutes ei restituantur.

L. 2 §§ 5, 18 D. eod.

L. 45 D. de cond. ind. XII, 6, *Javolenus:* Si is, qui hereditatem vendidit et emptori tradidit, id, quod sibi mortuus debuerat, non retinuit, repetere poterit, quia plus debito solutum per condictionem recte recipietur.

Das Gleiche gilt für den Käufer:

L. 20 § 1 D. de hered. vel act. vend. XVIII, 4, *Africanus;* Quod (sc. actione ex empto teneri) simplicius etiam in illa propositione procedit, cum quis ipse creditori suo heres exstitit et hereditatem vendidit.

Beerbt der Erbe aber nach dem Verkauf der Erbschaft den Schuldner des Erblassers, so hat Konfusion in seiner Person garnicht mehr eintreten können.[1]) Er ist also dem Käufer zur Zahlung verpflichtet. Diesen Fall behandelt mit eigentümlicher Entscheidung die l. 20 pr. D. cit:

Si hereditatem mihi Lucii Titii vendideris ac post debitori eiusdem heres existas, actione ex empto teneberis.[2])

5. Die durch Konfusion erloschenen Rechte des suus heres werden, wenn er sich des beneficium abstinendi bedient, durch prätorische Hilfe wiederhergestellt.

L. 87 § 1 D. de a. v. o. h. XXIX, 2, *Papinianus:* Pupillis quos placuit oneribus hereditariis esse liberandos, confusas actiones restitui oportet.[3])

Dafs es des Eingreifens des Prätors bedarf, um den augenblicklich mit dem Erbschaftsantritt — hier bei der Beerbung des Vaters ohne Wissen und Willen — erfolgenden Untergang wieder zu beseitigen, ist eine treffliche Erläuterung der oben entwickelten Regel von der Wirkung der Konfusion. Der Haussohn ist Erbe geworden, daran ändert auch das prätorische Recht nichts, es befreit ihn nur von den Folgen. Deshalb müssen, weil nach der

---

[1]) Vgl. Entsch. des Ober-Tribunals Bd. 18, S. 232.

[2]) Siehe unten Nr. 7, S. 45.

[3]) Der Mündel mufs, weil ihm eine Forderung gegen den Erblasser zusteht, als mit einem peculium ausgerüstet gedacht werden. Vgl. *Friedmann*, S. 23; ferner *Glück*, Erläuterungen, Bd. 42, S. 358.

Abstinenz der Haussohn wie ein Nichterbe behandelt wird,[1]) die mit dem Antritt untergegangenen Rechte wiederhergestellt werden.

Beim Konkurse über die Nachlaſsmasse wird der etwaige Konfusionsvorgang ebenfalls nicht berücksichtigt und natürlich besteht bei Ausschlagung der Erbschaft oder des Legats die Obligation fort.

6. Bestehen dingliche Rechte, z. B. ein Pfandrecht an der Forderung, so geht die Obligation nicht unter. Es greifen hier die oben beim dinglichen Recht besprochenen Sätze Platz. Die Mitbeteiligung Dritter erhält die Obligation[2]) und zwar nicht bloſs für das dingliche Recht,[3]) sondern absolut — freilich wieder in ruhendem Zustande.

7. Der Konfusionsvorgang zwischen Cedent und Cessus beeinträchtigt die Rechte des Cessionars nicht. Das Gegenteil würde eine vertragswidrige Bereicherung auf Kosten des Cessionars bedeuten.[4]) Dem widerspricht das Prinzip der oben unter No. 4 angezogenen l. 20 pr. D. de hered. vel act. vend. XVIII, 4. Der Cessionar müſste gegen den Schuldner-Erben ohne Weiteres mit der aus dem unterliegenden Schuldverhältnis folgenden Klage vorgehen. Die Klage ex empto erklärt sich daraus, weil die den Verkauf vermittelnde Cession zur Zeit *Afrikans* noch keine Übertragung des Rechts, sondern nur die Ermächtigung enthielt, das Einkassierte für sich zu behalten — die procura in rem suam.[5]) Hier hätte also der Ego im Namen des Tu gegen Tu als Erben des Schuldners klagen müssen. Das ging nicht an. Für die justinianische Kompilation ist die Aufnahme des Principiums aber doch ein Versehen.[6]) Die richtige Auffassung ist aus dem oben besprochenen § 1 zu entnehmen.

8. Es kann ausdrücklich verabredet werden, daſs der Vereinigungsvorgang keine juristischen Wirkungen haben soll, daſs also im Effekt keine Konfusion eintrete.[7]) Es ist dies nur mit Hilfe einer Fiktion zu erreichen. Denn die Konfusion ist ein selbständiger ipso iure wirkender Erlöschungsgrund der Obligation. In solcher Verabredung ist nur die Verpflichtung zu erblicken, die Wirkungen

---

1) *Dernburg*, Pand. III, § 163, $2^b$.

2) *Mosler*, S 47 operiert hier wie stets damit, daſs nicht sämtliche Faktoren des Rechtsverhältnisses in einer Person zusammentreffen.

3) *Windscheid*, I, § 248; *Exner*, Kritik des Pfandrechtsbegriffs, 1873, S. 69.

4) *Dernburg*, Preuſs. Privatr., II, § 103, Anm. 11.

5) *Dernburg*, Pand. II, § 47.

6) Vgl. ebenso *Windscheid*, II, § 331, Anm. 11.

7) Dahin wäre auch der oben (S. 35) im Anschluſs an das Erkenntnis des O.A.G. Rostock behandelte Fall zu rechnen, daſs der Gläubiger die Forderung nur überträgt, damit der Schuldner anderweit darüber verfüge.

der Konfusion ungeschehen zu machen, also eventuell durch Wiederherstellung der untergegangenen Rechtsverhältnisse. Es ist also die gleiche Erscheinung wie beim dinglichen Recht, die persönliche Verpflichtung zur Wiederherstellung.[1]) Solcher Verabredung wird bindende Kraft beigelegt:

L. 7 C. de pact. II, 3: Debitori tuo si heres exstitisti, actio, quam contra eum habuisti, adita hereditate confusa est. sed si eam hereditatem, posteaquam in iudicio obtinuisti, ei tradidisti, quem sententia superaveras, ea condicione pactoque, ut tam ceteris creditoribus quam tibi in eo, quod tibi deberetur, si eam hereditatem non adisses, satisfaceret, pacti conventionisque fides servanda est. quae si non servatur, ex stipulatu, si modo pacto subiecta est, actio dabitur.

Freilich ist die groſse Ähnlichkeit des geschilderten Vorganges mit einem Erbschaftskauf nicht zu verkennen. —

Die als Regel hingestellte gleiche Wirkung der Konfusion bei dinglichen und obligatorischen Rechtsverhältnissen besteht schlieſslich m. E. auch im Falle des Universalfideikommisses.[2]) [3]) Die dinglichen Rechte gingen in diesem Fall nicht unter, weil die Anwartschaft des Fideikommissars das Recht des Fiduziars einschränkte, sie verblieben in ruhendem Zustand, um ihre frühere Stellung beim Wiederaufleben einzunehmen.[4])

Nun besagen aber Quellenstellen unstreitig, daſs die Obligation untergeht.

L. 82 (80) D. ad S. C. Treb. XXXVI, 1, *Scaevola:* Matrem et avunculum eosdemque creditores suos heredes scripsit Lucius Titius et eorum fidei commisit, ut post mortem restituerent, quod ex re familiari testatoris superfuerit, Septicio. heredes non modicam partem bonorum testatoris consumpserunt et multos heredes reliquerunt, quibus scientibus multa corpora, quae remanserant ex bonis Lucii Titii Septicius possedit. quaesitum est, an id, quod Lucius Titius debuit matri et avunculo, heredes eorum a Septicio petere possint. respondit non posse. *Claudius:* aditione enim hereditatis confusa obligatio interciderat, sed fideicommissi repetitio erat: cuius aequitas defecit his, qui multa ex hereditate consumpsisse proponuntur.

Hier zieht auch *Dernburg* den Schluſs, daſs die untergegangenen Forderungen mit der Herausgabe der Erbschaft nicht wieder von

---

[1]) Siehe oben S. 14.

[2]) Das Vermächtnis kann hier ausscheiden, weil der Legatar nach l. 1 § 1 C. commun. de legat. VI, 43 unmittelbar mit dem Tode des Erblassers Eigentumer wird.

[3]) a. A. *Dernburg*, Pand. III, § 120, 2.

[4]) Siehe oben S. 19 ff.

selbst aufleben können. Woher — so mufs hier nochmals gefragt werden — aber die dinglichen Rechte? Die Quellen lassen als Folge die Verpflichtung des Erben auf Rückgabe — ex causa fideicommissi[1]) — um den Betrag des durch Konfusion Erworbenen oder Verlorenen gesteigert oder vermindert sein.[2]) *Dernburg* hingegen verlangt in der Regel bei der Restitution Neubegründung der untergegangenen Forderungen, die nur dann unterbleiben kann, wenn der Erblasser den Untergang der Forderung beabsichtigte, die Konfusion dem Fiduziar zu Gute kommen lassen wollte. Nun sind freilich solche Fälle denkbar, aber *Dernburg* stellt es selbst so hin, dafs man erkennt, es handelt sich immer nur um Ausnahmefälle. Dafs im einzelnen Fall die Parteiabsichten in erster Linie zu berücksichtigen sind, ist klar und wurde oben bereits ausgesprochen. Das gilt nicht minder aber bei den analogen Fällen im dinglichen Recht.

M. E. liegt kein stichhaltiger Grund vor, die Konfusion beim Universalfideikommifs im obligatorischen anders zu behandeln, als im dinglichen Recht bei der klaren Tendenz des gemeinen Rechts, das Rechtsinstitut in beiden Gruppen gleich zu behandeln. Die widerstreitenden Quellenstellen gehören zum gröfsten Teil einer Zeit an, in der die alten Rechtssätze über die Fideikommisse noch nicht vollständig überwunden waren.[3])

Hier wie dort liegt eben die Anwartschaft des Fideikommissars schwer auf dem Recht des Fiduziars und deshalb ist auch hier zu entscheiden: ius integrum mansit. Die Konfusion unterbleibt. Das Recht ist auch hier wieder als ruhend aufzufassen.[4])

Dem Fall, dafs der Fiduziar den Gläubiger oder Schuldner beerbt, steht der gleich, wo er einen Erbschaftsschuldner oder -gläubiger beerbt:

---

[1]) L. 60 (58) D. ad S. C. Treb. XXXVI, 1.

[2]) *Ihering*, a. a. O. S. 448. — A.A. auch hier *Windscheid*, III, § 665, der die untergegangene Forderung von selbst wieder aufleben läfst Dagegen l. 75 (73) § 1 D. ad S. C. Treb. und oben S. 20, wo von der Unmöglichkeit solcher Erscheinung die Rede war.

[3]) Vgl. *Windscheids* Ausspruch von der „unvollendeten Entwickelung des röm. Rechts“ (oben S. 20 beim dinglichen Recht). — *Mosler*, S. 49 giebt zu erwägen, die Stellen mit dem Solutionseffekt der Konfusion zu erklären. Dagegen spricht l. 61 (59) D. ad S. C. Treb.: „verum est enim non esse pecuniam solutam.“

[4]) Siehe die ausführliche Darstellung oben S. 20 ff. Im Resultat ebenso *Friedmann*, S. 59 und *Mosler*, S. 49. Eine wesentliche Unterstützung erfährt die hier vertretene Ansicht durch die gleichlautenden Bestimmungen des A.L.R. I, 16 §§ 479 und 481: Wenn die Vereinigung durch Erbgangsrecht erfolgt ist, und die Erbschaft einem nachgesetzen Erben herausgegeben werden mufs: so gelangen die Rechte und Verbindlichkeiten des ersten Erben gegen die Masse wieder zu Kräften.

L. 60 (58) pr. D. ad S. C. Treb. XXXVI, 1, *Papinianus:* Deducta parte quarta restituere rogatus hereditatem, prius quam restitueret, hereditario debitori heres extitit. quoniam actio eo confusa per Trebellianum redintegrari non potest, pecuniae quoque debitae dodrans ex causa fideicommissi petetur. sed in eum diem, quo actio confusa est, usurae praeteriti temporis, quae in obligatione vel in officio iudicis fuerunt, computabuntur . . . .

---

## § 7. 3. Korrealobligation.

Der Grund der Aufhebung der Obligation im Falle des Zusammentreffens von Schuld und Forderung war die Unmöglichkeit des Fortbestehens des Schuldverhältnisses in einer Person. Niemand kann sein eigener Schuldner oder Gläubiger sein. Daraus folgt für die Korrealobligation, die keine „einige Obligation" [1]) ist, sondern aus mehreren verschiedenen Obligationen besteht, denen nur das Schuldobjekt gemeinsam ist — in utraque tamen obligatione una res vertitur [2]) — dafs das Forderungsrecht nicht untergehen kann, wenn nur ein Schuldner mit dem Gläubiger zusammenfällt.[3]) Und ebenso, wenn nur ein Gläubiger mit dem Schuldner zusammentrifft.[4]) Der Korreus wird nicht befreit oder befriedigt durch den Eintritt der Konfusion in der Person seines Mitbeteiligten, wie das klar ausspricht:

L. 71 pr. D. de fideiuss. XLVI, 1, *Paulus:*

Granius Antoninus pro Julio Pollione et Julio Rufo pecuniam mutuam accipientibus, ita ut duo rei eiusdem debiti fuerint, apud Aurelium Palmam mandator exstitit: Julii bona ad fiscum venerunt: similiter et creditori fiscus successerat. mandator allegabat se liberatum iure confusionis, quia fiscus tam creditori quam debitori successerat. et quidem si unus debitor fuisset, non dubitabam sicut fideiussorem, ita et mandatorem liberatum esse: quamvis enim iudicio convento principali debitore mandator non liberetur, tamen ubi successit creditor debitori, veluti solutionis iure sublata obligatione etiam mandator liberatur, vel quia non potest pro eodem apud eundem quis

---

1) *Windscheid,* II, § 293.

2) § 1 J. de duobus reis III, 16; vgl. *Dernburg,* Pand. II, § 72. Davon geht auch *Brinz,* Krit. Blätter, Bd. IV, S. 3 aus.

3) *Windscheid,* II, § 352.

4) So *Windscheid,* II, § 295, A. 9. Dagegen *Fitting,* Die Korrealobligation, S. 202. — Vgl. A.L.R. I, 16 § 492: Wenn Rechte oder Pflichten mehreren Personen gemeinschaftlich zukommen, so werden durch die Vereinigung, welche nur in Ansehung des einen unter ihnen erfolgt, die Verhältnisse der Übrigen nicht geändert.

mandator esse. sed cum duo rei promittendi sint et alteri heres extitit creditor, iusta dubitatio est, utrum alter quoque liberatus est, ac si soluta fuisset pecunia, an persona tantum exempta confusa obligatione. et puto aditione hereditatis confusione obligationis eximi personam: sed et accessiones ex eius persona liberari propter illam rationem, quia non possunt pro eodem apud eundem obligati esse, ut quemadmodum incipere alias non possunt, ita nec remaneant. igitur alterum reum eiusdem pecuniae non liberari et per hoc nec fideiussorem vel mandatorem eius. plane quia is mandati iudicio eligere potest vel creditorem, competituram ei exceptionem doli mali, si coeperit conveniri. cum altero autem reo vel in solidum, si non fuerit societas, vel in partem, si socii fuerunt, posse creditorem agere. quod si creditor fideiussori heres fuerit vel fideiussor creditori, puto convenire confusione obligationis non liberari reum.

Der Schuldner, der nur einen Gläubiger, oder der Dritte, der den Schuldner und einen Glaubiger zugleich beerbt, hat garnicht die volle Berechtigung in seiner Person, er kann sehr wohl noch der Schuldner des zweiten Gläubigers bleiben. Und der Gläubiger, der den einen Gesamtschuldner beerbt, kann sehr wohl noch gegen den anderen klagen: seine Obligation erstreckte sich ja von Anfang an gegen den anderen Schuldner,[1]) der jetzt der einzige Schuldner ist, weil er selbst sein eigener Schuldner nicht sein kann.

Die Wirkungslosigkeit oder besser die blofs subjektive Wirkung der Konfusion ergiebt sich auch in dem ähnlichen Falle, dafs die Klage des Gläubigers an einen der mehreren solidarischen Bürgen abgetreten ist: die Obligation dauert für die übrigen Bürgen unzweifelhaft fort.[2])

So löst sich ganz einfach eins der „Rätsel der Konfusionslehre“:[3]) warum die Konfusion nicht immer objektiv solutionis potestate für alle am Schuldverhältnis Beteiligten wirke, sondern bisweilen nur subjektiv, als persönlicher Befreiungsgrund. *Paulus* giebt darauf keine Antwort: so wenig zweifelhaft ist er über die Entscheidung, dafs er seine Ansicht nicht einmal einer Begründung für bedürftig hält,[4]) sondern nur entscheidet: et puto aditione hereditatis confusione obligationis eximi personam.

Aus der Entscheidung folgt, dafs auch nur die persönlichen

---

[1]) Vgl. *Ihering*, a. a. O. S. 449 und *Dernburg*, Preufs. Privatrecht, II, § 103, A. 9.

[2]) Vgl. *Seuffert*, Archiv, Bd. XVII, 144.

[3]) *Kretschmar*, S. 49.

[4]) Vgl. *Baron*, a. a. O. S. 354.

Accessionen untergehen, quia non possunt pro eodem apud eundem obligati esse. Die Accessionen der korrealiter Beteiligten oder der Schuld als solcher bleiben bestehen.

Nur eine Beschränkung greift Platz: sind die correi socii, haben sie gegen einander entsprechend ihrem Anteil Rückgriff, so werden durch die Konfusion in der Person des einen die anderen auch von dessen Anteil frei und haften nur noch für ihren Teil.

L. 71 pr. i. f. D. cit.: .... cum altero autem reo .... in partem, si socii fuerunt, posse creditorem agere ....

Der Gläubiger kann den Teil der Schuld nicht beanspruchen,[1]) den er erstatten müfste, wenn sein Mitschuldner voll zahlte.[2]) Der Grund dieser Ausnahme ist einfache Bequemlichkeit: unnötiges Hin- und Herzahlen soll vermieden werden.

Bei der Konfusion geht infolge des Zusammentreffens der beiden entgegengesetzten Faktoren der Obligation in einer Person die Obligation zu Grunde. In der Eigenart der unterliegenden Obligation kann es aber begründet sein, dafs sie sich der objektiven Wirkung der Konfusion entzieht, wie hier im Falle der Korrealobligation. Bei genauem Hinsehen sind dann eben die Voraussetzungen für die regelmäfsige Wirkung der Konfusion nicht gegeben. So liegen hier in der e i n e n Korrealobligation mehrere zusammengefafste ganz selbständige Einzelobligationen vor und dadurch tritt hier die Besonderheit ein.

Der Gläubiger der Gesamtschuldner A, B und C hat eine Forderung gegen j e d e n der drei, ohne dafs er sich für eine entscheiden müfste. Solange dies nicht geschehen ist — nach der Litiskontestation mit A freilich ist die Forderung substanziiert — besteht trotz der Konfusion des Gläubigers mit dem einen Schuldner A nach wie vor eine Forderung gegen B und gegen C.[3]) Es liegt kein Grund vor, das Bestehen der Forderung aufzuheben, dadurch dafs man die Möglichkeit der Erfüllung — durch eine objektive Wirkung der Konfusion — hinweg nimmt. Auch aus dem praktischen Bedürfnisse, den Gläubiger — das Gleiche gilt ebenso vom Schuldner — nicht schlechter zu stellen, wenn er und einer seiner Schuldner eine Person werden, als wenn etwa der eine Schuldner objektiv ausfällt — dann bleiben die anderen correi weiter ver-

---

[1]) *Dernburg*, Pand. II, § 73, 4 d.

[2]) Ähnlich *Fitting*, a. a. O. S. 203, *Schwedler*, S. 36 läfst die Forderung des Gläubigers durch das Societätsverhältnis nicht beeinflufst werden, sondern will nur dem Gläubiger-Schuldner vermoge des Rückgriffrechts die exceptio doli hinsichtlich der Hälfte der Schuld entgegensetzen.

[3]) Vgl. *Ihering*, a. a. O. und *Dernburg*, Pfandrecht, II, S. 588.

haftet — ergiebt sich mit Notwendigkeit die nur subjektive Wirkung der Konfusion.[1])

Daran, dafs die früheren Theorieen über die Konfusion von einer eigenen Ansicht über die Korrealobligation ausgingen,[2]) scheiterten sie. Man betrachte sie als die Materie, an der sich die Auffassung über die Konfusion im Obligationenrechte bewähren mufs![3]) Dann braucht man nicht der Korrealobligation eine Ausnahmestellung um ihres merkwürdigen rechtlichen Verhältnisses willen auch in Bezug auf die Konfusion einzuräumen. Sie erhellt dann gerade die Vorgänge bei der Konfusion. Denn erst wenn der Gläubiger sämtliche Gesamtschuldner beerbt hat, ist Recht und Pflicht der Korrealobligation völlig zusammengefallen.[4])

*Mosler*[5]) will auch eine Sonderbehandlung der Korrealobligation wegen ihrer Eigenart innerhalb der Lehre der Konfusion nicht zugeben, vielmehr die merkwürdigen Ergebnisse aus dem Wesen der Konfusion herleiten. Weil er aber als Wesen gerade auf Grund der thatsächlichen Lage den Solutionseffekt betont, bemüht er sich hier nun nachzuweisen, dafs thatsächlich der Gläubiger ja garnicht befriedigt ist, weil er unter Umständen von einem anderen Schuldner hätte Zahlung und andere Objekte verlangen können. Aber eben doch nur unter Umständen! Auf solche Möglichkeiten kann das Wesen der Konfusion nicht gegründet werden, es ist überall das gleiche.

Stellt man aber gerade so schroff wie *Mosler* die stets solutorische Wirkung der Konfusion hin, so ist es schwer, in diesem Falle das Wesen der Konfusion in etwas anderem zu suchen. Viel leichter folgt auch aus dem Gedankengange der Quellenstelle die Begründung der scheinbar ausnahmsweisen Wirkung der Konfusion mit dem eigentümlichen Wesen der Korrealobligation. *Mosler* will ferner entgegen der herrschenden, auch von uns angenommenen Meinung[6]) aktive und passive Korrealobligation verschieden behandeln, nämlich bei der aktiven Untergang annehmen. Ihn bestimmt dazu, dafs nach der herrschenden Ansicht der Schuldner, der einen Gesamtgläubiger beerbt, die ganze Korrealobligation zerstören kann, dadurch, dafs er vor Antritt der Erbschaft an diese

---

[1]) Wohl aus derselben Erwägung heraus handelt ***Dernburg*** von der Konfusion unter dem zusammenfassenden Abschnitt: „Wegfall des Subjekts."

[2]) ***Vangerow***, ***Kuntze*** u. A. m.

[3]) Ebenso z. B. ***Baron***.

[4]) Vgl. ***Friedmann***, S. 64.

[5]) S. 56 ff.

[6]) ***Savigny***, Obligationenrecht, I, S. 196, Anm. z, ***Vangerow***, a. a. O. III, § 573 A. 5 II, ***Windscheid***, II, § 295 A. 9; ***Baron***, a. a. O. S. 357 u. A. m.

zahlt, dafs aber solch fingiertes Zahlen Rechtswirkungen nicht aufheben dürfe. Er vergifst dabei, dafs die Wirkungen der Konfusion auf den Augenblick des Todes bezogen werden, und dafs durch seine Behandlung bei der aktiven seine Beweisführung bei der passiven Korrealobligation nicht gestützt wird. Hier soll nun wieder das Wesen der Konfusion Solutionseffekt sein.

---

## § 8. 4. Pfand.

Wir sahen oben, dafs die Konfusion die Hauptobligation vollständig tilgt, ohne eine Naturalobligation zurückzulassen. Deshalb mufs auch das zur Sicherung der Schuld bestellte Pfand erlöschen.

L. 29 D. de pign. act. XIII, 7, *Julianus:* Si rem alienam bona fide emeris et mihi pignori dederis ac precario rogaveris, deinde me dominus heredem instituerit, desinit pignus esse et sola precarii rogatio supererit . . . .

L. 43 D. de solut. XLVI, 3, *Ulpianus:* In omnibus speciebus liberationum etiam accessiones liberantur, puta adpromissores hypothecae pignora . . . .

Meist wird, da das Pfand in der Regel vom Schuldner selbst bestellt wird, das Zusammenfallen des dinglichen Rechtsverhältnisses erfolgen, die Konfusion der Hauptobligation „gleichsam wie ein Schattenbild begleiten.“ [1]) Freilich mufs dazu die Konfusion der Obligation rechtsbeständig sein; im Fall der nachträglichen Aufhebung kommt auch das Pfandrecht wieder zur Existenz. Ebenso kann im Falle der Eviktion durch einen besser an der Erbschaft Berechtigten das Pfandrecht wieder geltend gemacht werden. [2])

Wegen der unselbständigen Natur des Pfandrechts geht es auch unter, wenn der Pfandgläubiger eine Person wird mit dem Schuldner, für dessen Schuld ein anderer seine Sache verpfändet hat. Trotzdem der Dritte ganz aufserhalb des durch Konfusion betroffenen Rechtsverhältnisses steht, mufs diese Wirkung eintreten. Sie folgt aus dem Wesen des die Obligation sichernden Pfandrechts.

Nur eine Schwierigkeit erhebt sich bei dieser klaren Sachlage, veranlafst wieder durch eine prägnante Stelle des dunklen *Paulus:*

L. 61 (59) pr. D. ad S. C. Trebell. XXXVI, 1, *Paulus:* Debitor sub pignore creditorem heredem instituit eumque rogavit restituere hereditatem filiae suae, id est testatoris: cum nollet adire ut suspectam,

---

[1]) *Windscheid,* I, § 249 A. 8.

[2]) Vgl. *Dernburg,* Pfandrecht, II, S. 589 und oben S. 25.

coactus iussu praetoris adit et restituit: cum emptorem pignoris non inveniret, desiderabat permitti sibi iure dominii id possidere. respondi: aditione quidem hereditatis confusa obligatio est: videamus autem, ne et pignus liberatum sit sublata naturali obligatione. atquin sive possidet creditor actor idemque heres rem sive non possidet, videamus de effectu rei. et si possidet, nulla actione a fideicommissario conveniri potest, neque pigneraticia, quoniam hereditaria est actio, neque fideicommissum, quasi minus restituerit, recte petetur: quod eveniret, si nullum pignus intercessisset: possidet enim eam rem quasi creditor. sed et si fideicommissarius rem teneat, et hic Serviana actio tenebit: verum est enim non esse solutam pecuniam, quemadmodum dicimus, cum amissa est actio propter exceptionem. igitur non tantum retentio, sed etiam petitio pignoris nomine competit et solutum non repetetur. remanet ergo propter pignus naturalis obligatio . . . .

Der Gläubiger tritt gezwungen die überschuldete Erbschaft seines Pfandschuldners an und giebt sie der Tochter des Erblassers entsprechend dem Testament heraus. Das Pfand findet keinen Käufer und so beantragt er Eigentumszuschlag. Durch den Erbschaftsantritt ist die Forderung des Erben erloschen. Dennoch beläfst ihm der Jurist sein Pfandrecht und gewährt ihm dafür eine Schutz- und eine Angriffsklage, und dann schliefst die uns berührende Frage ab mit den Worten: „remanet ergo propter pignus naturalis obligatio.“

Die Erklärer haben sich unablässig mit diesem Fragment gequält. *Ihering*[1]) läfst das Pfandrecht fortdauern nach dem Wortlaut der Stelle aus Billigkeitsrücksichten, ohne einen weiteren Grund für die Naturalobligation anzugeben, *Buchel*[2]) wegen des Wortlauts der formula hypothecaria.

Um die Schwierigkeit der naturalis obligatio aber kommt man damit nicht. *Windscheid*[3]) hat sie nur als theoretische Vermittelung, als konstruktives Rechtsverhältnis aus theoretischer Bequemlichkeit angenommen, um dem Pfandrechte zur Grundlage zu dienen. Sie besteht also ausschliefslich ad hoc, ist in jeder anderen Beziehung aufser für das Pfandrecht, eine Nichtobligation. Deshalb bildet also erst das Pfandrecht die Grundlage der Forderung. Die ganze Konstruktion dient nur dazu, den unrömischen Gedanken: ein selbständiges Pfandrecht ohne Forderung — solches liegt nach *Windscheid* hier in Wirklichkeit vor! — zu romanisieren. Ähnlich will *Friedmann* dem aus Billigkeitsrücksichten dem gezwungenen

---

[1]) A. a. O. S. 451; ebenso *Fitting*.

[2]) Natur des Pfandrechts, S. 89 ff.

[3]) Pandekten I, § 249. — Ebenso *Friedmann*, S. 50.

Erben zugestandenen Pfandrecht nur als Folie gleichsam eine wertlose Naturalobligation beigeben.

Mit den Versuchen ist m. E. nicht der Kern der Sache getroffen. Die erste Schwierigkeit ist doch die: wie kann überhaupt das Pfandrecht bestehen bleiben? Denn daſs darauf die Antwort: aus Billigkeitsrücksichten nicht genügt, leuchtet ein. Da wäre die Annahme eines Versehens des groſsen klassischen Juristen — so weit ist man gegangen — ebenso befriedigend! Ich glaube, die Stelle ist so zu erklären:

Durch das Zusammentreffen der Forderung mit der Schuld in der Person des Pfandgläubigers ist die Schuld untergegangen. Daran ändert auch nach den oben besprochenen Sätzen der klassischen Jurisprudenz nichts, daſs der Erbe die Erbschaft und damit auch seine Forderung sogleich einer dritten Person herausgeben muſs. Da nun aditione hereditatis obligatio confusa est, müſste konsequenterweise entsprechend den am Eingang des Paragraphen citierten Quellenstellen auch das unselbständige Pfandrecht untergehen. Denn die Sicherung einer nicht mehr bestehenden Forderung ist eine contradictio in adiecto. Dennoch zieht *Paulus* diese Konsequenz nicht, sondern läſst das Pfandrecht fortbestehen.

Er empfindet instinktiv, ohne es klar zu äuſsern und ohne die Folgerungen zu ziehen, das Unrecht, das dem Erben durch den im Interesse des Fideikommissars erzwungenen Erbschaftsantritt an seiner Forderung zugefügt wird. Zwar nun folgerichtig Nichtuntergang des Schuldverhältnisses zu proklamieren, das vermag er nicht; dazu steht er noch zu sehr im Bann der Auffassung, daſs auch der Fiduziar richtiger Erbe ist. Aber er hilft dadurch, daſs er dem Fiduziar wenigstens die Folgerung der den Untergang abweisenden Ansicht zubilligt: nämlich den Fortbstand des ihn sichernden Pfandrechts.[1]) Nun entsteht freilich für ihn die Schwierigkeit: ein Pfandrecht ohne Obligation? da wird flugs dann für dies Pfandrecht eine wertlose Unterlage geschaffen in der Naturalobligation.

In dieser Stelle finden sich demnach vereinigt die beiden entgegengesetzten Auffassungen über die Wirkung der Konfusion beim Universalfideikommiſs. Darin liegt ihre rechtsgeschichtliche Bedeutung. Es findet sich in einer wichtigen Folgerung unzweifelhaft das Aufdämmern der Ansicht, daſs der Erbschaftsantritt des Fiduziars andere Folgen hat, als der des endgültigen Erben. Ganz charakteristisch findet sich das zum erstenmale bei dem im Interesse des Fideikommissars erzwungenen Erbschaftsantritte des Fiduziars,

[1]) *Schwedler*, S. 14 A. 11 sieht in der Stelle „überhaupt nur eine Rechtfertigung des Pfandrechts an eigener Sache“. Das läſst sich mit unseren obigen Ausführungen darüber nicht in Verbindung bringen.

bei dem er sinnfällig nur Durchgangsperson ist. *Dernburg*[1]) geht sogar noch weiter und läfst — freilich überhaupt nur in diesem Fall — gar keine Konfusion eintreten. Das stimmt mit der Stelle nicht überein.

Hier erweist sich die Richtigkeit unserer oben für das Universalfideikommifs entwickelten Ansicht, wiewohl ohne Weiteres zugegeben werden mufs, dafs sie ganz durchgeführt aus den römischen Quellen nicht zu entnehmen ist. Denn nicht blofs bei erzwungenem, auch bei freiwilligem Antritt des Fiduziars ist dieser, besonders seit dem *S. C. Trebellianum*, eine leere Form und wertlos.

Richtig hebt *Friedmann*[2]) aber hervor, wie die Not des *Paulus*, in diesem für ihn anomalen Fall, für das Pfandrecht einen Stützpunkt zu schaffen, weil für ihn eine Obligation nun nicht mehr besteht, der beste Beweis für den Eingangs aufgestellten Satz ist, dafs regelmäfsig mit dem Untergang der Obligation das Pfandrecht zu Grunde geht.

---

## § 9. 5. Bürgschaft.

Auch die Bürgschaft ist nur ein Accessorium der Hauptforderung.[3]) Insoweit gilt von ihr das Gleiche, wie vom Pfandrecht.

I. Mit der Konfusion der Obligation zwischen Gläubiger und Hauptschuldner wird der Bürge — ganz gleich ob fideiussor oder mandator[4]) — frei, weil eine Hauptobligation nun nicht mehr besteht und deshalb ihre weitere Sicherung überflüssig wäre.

L. 21 § 3 D. de fideiuss. XLVI, 1, *Africanus:* Quod si stipulator reum heredem instituerit, omnimodo fideiussoris obligationem peremit . . . .

L. 71 pr. D. eod., *Paulus:* . . . . quia fiscus tam creditori quam debitori successerat . . . . non dubitabam sicut fideiussorem, ita et mandatorem liberatum esse . . . .

L. 43 D. de solut. XLVI, 3; l. 129 § 1, l. 178 D. de R. J. L, 17, *Paulus:* Cum principalis causa non consistat, plerumque ne ea quidem quae sequuntur locum habent.

Den Grund giebt l. 50 D. de fideiuss. XLVI, 1 so an: „obligatio ratione confusionis intercidit aut (quod est verius) solu-

---

[1]) Pfandrecht, II, S. 592 und Pand. I, § 291 A. 5.

[2]) A. a. O. S. 50.

[3]) Vgl. *Windscheid*, II, § 477, Anm. 20 und *Dernburg*, Pand. II, §§ 78 und 82.

[4]) Von den älteren Formen der sponsio und fidepromissio kann abgesehen werden. Das justinianische Recht kennt nur noch eine Form der Stipulationsbürgschaft, die fideiussio.

tionis potestate." Da die Hauptobligation so getilgt ist wie durch Leistung, müssen nach den citierten Quellenstellen die Accessionen auch untergehen. Das ist überzeugender als der mehr äufserliche oft wiederkehrende[1]) Grund der l. 71 pr. D. eod: „apud eundem pro eodem ipse fideiussor esse non potest," um ganz zu schweigen von der geradezu falschen Begründung derselben Stelle: accessiones ... quemadmodum incipere alias non possunt, ita nec remaneant ...[2])

*Friedmann*[3]) ist hier in der Schwierigkeit, dafs nicht die volle Verpflichtung mit der Berechtigung zusammentrifft, seine Totalitätstheorie also hier versagt. Er verlegt deshalb den Grund des trotzdem erfolgenden Untergangs der Bürgschaft auch in die accessorische Natur derselben. Nach unserer mit der herrschenden Meinung übereinstimmenden Darstellung decken sich hier Konfusionsbegriff und Eigenart der Bürgschaft.

Auch *Mosler* ist in einiger Verlegenheit, diesen Fall seiner Theorie unterzuordnen. Denn da der Bürge den „Interessenwiderstreit" noch vertritt, müfste eigentlich die Hauptobligation fortbestehen. Den Grund des Untergangs sieht aber auch er in der accessorischen Natur der Bürgschaft.[4])

Nur ein Punkt mufs im Anschlufs an die bereits teilweise citierte l. 21 § 3 D. de fideiuss. XLVI, 1 noch hervorgehoben werden. *Africanus* fährt nach einem Zwischensatz, der uns sogleich eingehender beschäftigen wird, unvermittelt fort: „argumentum rei, quod, si possessio rerum debitoris data sit creditori, aeque dicendum est fideiussorem manere obligatum."

Dieser Satz kann nicht auf Verhältnisse, die durch Erbfall herbeigeführt sind, Bezug haben, dagegen spricht schon die Wortfassung: „possessio data est". Auch *Friedmann*[5]) weist die Identificierung von possessio mit der bonorum possessio, die gar keinen besonderen Regeln folgt, ab. Er will eine Einweisung des Gläubigers in das Vermögen des Schuldners zum Zwecke der Pfandsicherung darin sehen. Dann hätte der Fortbestand der Bürgschaft ja Wert.

Auf die richtige Erklärung der ganz korrumpierten Stelle weist wohl *Mommsens* Konjektur hin. Er schiebt vor den citierten Worten Folgendes ein: „quod si reus stipulatorem heredem instituit, item fideiussor liberatur:[6]) aliud dicendum est, si stipulator bona rei emit."[7])

---

[1]) Z. B. l. 34 § 8 D. de solut. XLVI, 3.

[2]) Vgl. *Girtanner*, a. a. O. S. 503.

[3]) S. 53.

[4]) S. 51.

[5]) S. 54.

[6]) Das ist ohne Weiteres klar und also jederzeit einzufugen.

[7]) Doch kann auf das alte Konkursverfahren, auf das die Stelle hindeutet, hier nicht näher eingegangen werden.

II. Fällt der Gläubiger nicht mit dem Schuldner, sondern mit dem Bürgen zusammen, so ergeben sich notwendig andere Folgerungen als die eben entwickelten.

Gläubiger und Schuldner der Bürgschaftsobligation sind eine Person geworden. Infolgedessen kann sie nicht weiter bestehen, weil sie, wenn auch bedingt durch die Hauptobligation, doch insoweit eine richtige Obligation darstellt.

L. 21 § 3 D. de fideiuss. XLVI, 1: . . . quod si idem stiputator fideiussorem heredem scripserit, procul dubio solam fideiussoris obligationem peremit.

Auf die Hauptobligation ist das Zusammentreffen von Bürgschaftsverpflichtung und -berechtigung ohne Einfluſs. Denn primo loco ging des Gläubigers Forderung gegen den Hauptschuldner, der immer unbekümmert um die subsidiäre Haftung des Bürgen zur Leistung voll verpflichtet bleibt. Durch den Untergang der Bürgschaft verliert der Gläubiger nur eine Sicherheit für eine Forderung, die selbst unberührt bestehen bleibt.

So kann hier also — wie bei der Korrealobligation — die Konfusion nicht absolut wirken, sondern nur die Person des Bürgen aus dem Schuldnexus herausnehmen.

L. 71 pr. i. f. D. de fideiuss. XLVI, 1, *Paulus:* . . . . quod si creditor fideiussori heres fuerit vel fideiussor creditori, puto convenire confusione obligationis non liberari reum.

L. 43 i. f. D. de solut. XLVI, 3, *Ulpianus:* . . . praeterquam quod inter creditorem et adpromissores confusione facta reus non liberatur.

Der Bürge, der den Gläubiger beerbt, behalt also das Forderungsrecht seines Erblassers gegen den Hauptschuldner, er klagt mit der actio ex stipulatu. Er kann aber nicht auf Grund eines etwa vorhandenen Mandatsverhältnisses Regreſs als Bürge vom Schuldner verlangen, denn die Bürgschaft ist erloschen. So bestimmt ausdrücklich die

L. 21 § 5 D. de fideiuss. XLVI, 1, *Africanus:* Cum fideiussor reo stipulandi heres exstiterit, quaeritur, an, quasi ipse a se exegerit, habeat adversus reum mandati actionem. respondit, cum reus obligatus maneat, non posse intellegi ipsum a se fideiussorem pecuniam exegisse: itaque ex stipulatu potius quam mandati agere debebit.[1])

Dem widerspricht nicht l. 11 D. mandati XVII, 1, *Pomponius:* Si ei, cui damnatus ex causa fideiussoria fueram, heres postea extitero, habebo mandati actionem.

Hier ist der Hauptschuldner bei Eintritt der Konfusion durch Litiskontestation — damnatus — mit dem Bürgen schon befreit; der Bürge aber bleibt natürlich verpflichtet. Von einer Konfusion

---

[1]) Gegen die klare Entscheidung der Stelle aus praktischen Erwägungen **Mosler**, S. 62.

der Bürgschaftsschuld, die den Regrefs gegen den Schuldner aufheben könnte, kann garnicht die Rede sein. Der Bürge hat die actio mandati contraria in diesem besonderen Falle aus dem Prozefs.[1])

## § 10. Resultat.

Das Zusammentreffen von Berechtigung und Verpflichtung wirkt regelmäfsig vernichtend, wenn — meist durch Erbgang — aus einem unwiderruflichen Grunde ein solcher thatsächlicher Zustand eintritt, der juristisch nicht bestehen kann. Bei einem jeden Rechtsverhältnis stehen sich zwei „Faktoren“ [2]) mit entgegengesetzten Interessen gegenüber. Treffen diese in einer Person zusammen, so entfällt damit eine begriffliche Voraussetzung ihres Bestehens, die „Spannung“. Es tritt deshalb Untergang des Rechtsverhältnisses ein, und zwar bei dinglichen und obligatorischen Rechtsverhältnissen gleichmäfsig. Denn da die Voraussetzungen beider dieselben sind,[3]) sind es auch die Wirkungen. In eigener Person Eigentümer und zugleich Nutzungsberechtigter oder Pfandgläubiger zu sein, ist ebenso unmöglich wie gleichzeitig Gläubiger und Schuldner desselben Schuldverhältnisses zu sein.

Wirkungslos aber bleibt die Konfusion aus aufserhalb ihrer liegenden Gründen: wenn Rechte Dritter in Betracht kommen, die am Rechtsverhältnis mitbeteiligt sind, mit anderen Worten, wenn das Recht in seiner rechtlichen Wirkung hinausgreift über die in der einen Hand zusammengeflossenen Befugnisse,[4]) wenn ein Überschufs rechtlicher Beziehungen zu Dritten fortdauert.[5]) So kamen wir zur Relativität der Konfusion, zu den Sätzen über das Pfandrecht an eigener Sache, über die Rechte Dritter an dinglichen Rechten u. s. w.

Auch die Erscheinungen bei der Korrealobligation und der Bürgschaft konnten unter diesen Gesichtspunkt gebracht werden. Die juristische Konstruktion beider Institute ist so eigenartig, dafs die Sätze für die Konfusion zuerst als Abweichungen von der Regel erscheinen. Erst beim Erkennen ihrer Eigenart ergiebt sich, dafs hier die Konfusion nicht ihre regelmäfsigen Wirkungen entfalten kann, weil die regelmäfsigen Voraussetzungen nicht gegeben sind. Dort liegt eine Vielheit von Obligationen vor, hier handelt es sich lediglich um ein Sicherungsmittel, und nur unter Berücksichtigung dieser Besonderheiten erleiden die einschlägigen Rechtssätze Modifikationen.

[1]) Ebenso *Kretschmar*, a. a. O.; *Friedmann*, S. 61 und *Baron*, a. a. O. S. 362.

[2]) *Mosler*, S. 6.

[3]) Siehe oben S. 11 und 32.

[4]) *Bekker*, a. a. O. S. 45.

[5]) *Ihering*, a. a. O. S. 447.

# II. Abschnitt. Die unechte Konfusion.

## § 11. Allgemeines.

Bei der „Konfusion“ drehte es sich um die Folgen des Zusammentreffens von Recht und Pflicht oder Belastung, der beiden entgegengesetzten Seiten eines und desselben Rechtsverhältnisses. Solch Zustand ist dem Wesen jeden Rechtsverhältnisses widerstrebend und mufste deshalb wichtige juristische Konsequenzen nach sich ziehen.

Die „unechte Konfusion“ [1]) hingegen ist das Zusammenfallen auch mehrerer Faktoren desselben Rechtsverhältnisses, aber nicht entgegengesetzter, sondern gleichgeordneter Art. Solch Nebeneinanderbestehen ist juristisch wohl denkbar und so scheint mir diese unechte Konfusion mehr rein thatsächlicher Natur zu sein.

Trotz der viel einfacheren Rechtssätze, die sich ergeben, und der geringeren Wichtigkeit haben die römischen Quellen ausführlicher hierüber gehandelt als über die eigentliche Konfusion. Das ist wohl auch der Grund, warum so spät erst [2]) der Wesensunterschied der beiden Rechtsinstitute erkannt und beachtet wurde. Der Betrachtung bieten sich hier fast gar keine oder doch geringere Schwierigkeiten dar, als bei der echten Konfusion.

Wir unterscheiden passend: [3])

1. Das Zusammentreffen nebengeordneter Berechtigungen oder Verpflichtungen. Es handelt sich hier um das Zusammentreffen

---

[1]) Man hat sie auch weniger charakteristisch „Konkurrenz“ nennen wollen.

[2]) Noch *v. Savigny*, Oblig. Recht, I, S. 196 Anm. z, erklärt unechte und echte Konfusion für miteinander „verwandt,“ wenn auch etwas verschieden. Erst seit ***Hasenbalg*** (Die Burgschaft des gemeinen Rechts) ist man auf den durchgreifenden Unterschied aufmerksam geworden.

[3]) So auch die anderen Monographieen.

von mehreren Korrealberechtigungen oder -verpflichtungen oder mehreren Mitbürgschaften miteinander.

2. Davon zu trennen ist das Zusammenfallen von Haupt- und Nebenberechtigung oder was hauptsächlich in Betracht kommt, von Haupt- und Nebenverpflichtung. Es wird hier die Wirkung des Zusammentreffens von Haupt- und Bürgschaftsschuld zu erörtern sein.

---

## § 12. 1. Das Zusammentreffen koordinierter Berechtigungen oder Verpflichtungen.

Trifft eine Korrealberechtigung oder -verpflichtung mit einer zweiten desselben Rechtsverhältnisses zusammen,[1]) so ist nicht einzusehen, wie das auf das Wesen der ganzen Obligation einwirken kann. Denn die beiden wesentlichen Personen und der Interessengegensatz bleiben nach wie vor bestehen. Es wäre widersinnig, beide untergehen zu lassen, aber auch unmöglich, eine fallen zu lassen, da beide den gleichen Rang einnehmen.

L. 5 D. de fideiuss. XLVI, 1, *Ulpianus:* . . . cum vero duae eiusdem sint potestatis, non potest repperiri, cur altera potius quam altera consumeretur.

Es bleiben also beide bestehen und das Rechtsverhältnis wird in nichts geändert.

L. 5 D. cit.: . . . reum vero reo succedentem ex duabus causis esse obligatum.

L. 93 § 1 D. de solut. XLVI, 3, *Scaevola:* Item si duo rei sunt promittendi et alter alterum heredem scripsit, (non) confunditur obligatio.[2])

L. 13 D. de duob. reis XLV, 2, *Venuleius:* Si reus promittendi altero reo heres extiterit, duas obligationes eum sustinere dicendum est. nam ubi quidem altera differentia obligationum esse possit, ut in fideiussore et reo principali, consistit alteram ab altera perimi: cum vero eiusdem duae potestatis sint, non potest repperiri

---

[1]) L. 10 D. de act. empt. XIX, 1, *Ulpianus:* Non est novum, ut duae obligationes in eiusdem persona de eadem re concurrant.

[2]) *Mommsens* Lesart. — Die Lesart der *Florentina* ist nur zu verteidigen, wenn unter confunditur nicht schon die Wirkung, sondern nur das thatsächliche Zusammenfallen verstanden wird. Vgl. oben S. 12. Dann wäre der Sinn der Stelle der, dafs im Falle der Beerbung des einen Korrealschuldners durch den anderen Kumulation einträte. Das wäre aber merkwürdig ausgedruckt durch den Singular: obligatio confunditur. Es entspricht auch nicht dem sonstigen Quellengebrauch, da bei den Worten obligatio confunditur stets bereits an die Wirkung gedacht wird.

qua altera potius quam alteram consummari. ideoque et si reus stipulandi heres exstiterit, duas species obligationis eum sustinere.

Auch bei zwei Mitbürgschaften sprechen es die Quellen ausdrücklich aus:

L. 21 § 1 D. de fideiuss. XLVI, 1, *Africanus:* Non est novum, ut fideiussor duabus obligationibus eiusdem pecuniae nomine teneatur: nam si in diem acceptus mox pure accipiatur, ex utraque obligatur, et si fideiussor confideiussori heres exstiterit, idem erit.

Wie die Quellen nicht ermangeln auszuführen, hat dieses Nebeneinanderbestehen zweier scheinbar gleichartigen Obligationen unter Umständen doch praktischen Wert. Denn wenn auch meist im Effekt eine Identität der Obligationen besteht, so giebt doch die

L. 93 pr. D. de solut. XLVI, 3, *Scaevola:* Si duo rei sint stipulandi et alter alterum heredem scripsit, videndum, an confundatur obligatio. placet non confundi. quo bonum est hoc dicere? quod, si intendat dari sibi oportere, vel ideo dari oportet ipsi, quod heres exstitit, vel ideo, quod proprio nomine ei deberetur. atquin magna est huius rei differentia: nam si alter ex reis pacti conventi temporali exceptione summoveri poterit, interierit, is qui heres exstitit utrumne suo nomine an hereditario experiatur, ut ita possis animadvertere, exceptioni locus sit nec ne —

schon den wichtigen Fall, dafs dem Rechte der einen der beiden Personen, die der Erbe jetzt in sich vereinigt, eine exceptio entgegensteht, also Abweisung erfolgen könnte, während das Recht der zweiten vollwirksam ist. Das Recht aus dem neuen und das aus dem alten Erwerbsgrunde braucht, wiewohl es gleichen Inhalts ist, trotzdem nicht identisch miteinander zu sein.[1]) Würde etwa Untergang des vollwirksamen Rechts erfolgt sein, so trete Abweisung ein, obwohl doppelte Sicherung erfolgen müfste — für den Gläubiger. Das Gleiche gilt bei Korrealschuldnern; analog ist der Fall, wenn die eine Forderung gesichert ist, die andere nicht. Hier hat der Gläubiger die Wahl, etwas zu fordern als ursprünglicher Gläubiger, dem eine exceptio entgegensteht oder als Erbe des correus stipulandi, dessen Recht volle Kraft äufsern kann. Welche Wahl er treffen wird, ist unschwer zu erkennen. Sie mufs getroffen werden, ut ita possis animadvertere, exceptioni locus sit nec ne. Deshalb ist natürlich auch mit einmaliger Klageerhebung die Klage konsumiert: plane si ex altera earum egerit utramque consumet.

---

[1]) *Bekker,* a. a. O.

## § 13. 2. Das Zusammentreffen über- und untergeordneter Berechtigungen oder Verpflichtungen.

Es steht hier hauptsächlich das Zusammentreffen von Haupt- und Bürgschaftsschuld in Frage.

Der Bürge soll die Schuld sichern, etwaige Unsicherheit in der Person des Hauptschuldners aufheben. Dies kann er nur, wenn er eine von dem Schuldner getrennte Person ist. Fallen sie dagegen beide zusammen, so müfste der nunmehrige Hauptschuldner-Bürge für seine eigene Schuld einstehen, was nicht angeht.[1]) Aufserdem aber ist die Bürgschaftsobligation als subsidiäre und accessorische Verpflichtung von geringerer Wirkung als die Hauptverpflichtung und abhängig von ihr, geht also beim Zusammenfallen in sie auf. Klar und präcise sprechen das die Quellenstellen aus.

L. 50 D. de fideiuss. XLVI, 1: ... obligatio salva est non fideiussoria, sed hereditaria, quoniam maior tollit minorem.

L. 5 D. eod.: ... quia rei obligatio plenior est. ... potest repperiri, cur altera potius quam altera consumeretur ...

L. 13 D. de duobus reis XLV, 2: ... nam ubi quidem aliqua differentia obligationum esse possit, ut in fideiussore et reo principali, constitit alteram ab altera perimi.

L. 14; l. 21 § 2 D. de fideiuss. XLVI, 1;[2])

L. 3 pr. D. de separat. XLII, 6;

L. 93 § 2 D. de solut. XLVI, 3.

Die Bürgschaftschuld[3]) geht also unter, während die Hauptverpflichtung stehen bleibt, natürlich nur unter der Voraussetzung, dafs beide Verpflichtungen civiler Natur sind.

Auf den Streit der beiden alten Juristenschulen, ob die Fälle der Beerbung des Bürgen durch den Schuldner oder des Schuldners durch den Bürgen gleich zu behandeln seien, braucht nicht eingegangen zu werden. *Justinian* hat die Unhaltbarkeit einer Unterscheidung erkannt und in l. 93 § 3 D. de solut. XLVI, 3 ausdrücklich, sowie in den oben citierten Stellen stillschweigend beide Fälle gleich gestellt.

---

[1]) L. 21 § 2 D. de fideiuss. XLVI, 1: non intelligi posse, ut quis fideiubendo pro se obligetur.

[2]) Die Begründung dieser Stelle. „quia tunc duplex obligatio civilis cum eodem esse non potest" ist unzutreffend. Denn die Zeitgenossen und Vorgänger *Afrikans* haben sehr wohl das Nebeneinanderbestehen zweier civilen Obligationen anerkannt. Vgl. z. B. *Julian* in l. 5 D. de fideiuss. XLVI, 1: „reum vero reo succedentem ex duabus causis esse obligatum." Vgl. auch *Mosler*, S. 68.

[3]) Ganz gleich, ob fideiussio oder constitutum debiti alieni vorliegt. — Vgl. *Windscheid*, II, § 480, 2.

*Scaevola:* Quid ergo, si fideiussor reum heredem scripserit? confundetur obligatio secundum Sabini sententiam, licet Proculus dissentiat. Vergl. dazu § 2 ibid.: Sed et si reus heredem fideiussorem scripserit, confunditur obligatio. et quasi generale quid retinendum est, ut, ubi ei obligationi, quae sequellae locum optinet, principalis accedit, confusa sit obligatio: quotiens duae sint principales, altera alteri potius adicitur ad actionem, quam confusionem parere.

So faſst hier im Schluſssatz der Jurist nochmals in scharfer Gegenüberstellung die Sätze unserer beiden letzten Paragraphen zusammen.

Die klassische Jurisprudenz aber macht eine wichtige Ausnahme von der Regel des Untergangs der Bürgschaft.

L. 95 § 3 D. de solut. XLVI, 3, *Papinianus:* Quod volgo iactatur fideiussorem, qui debitori heres extitit, ex causa fideiussionis liberari, totiens verum est, quotiens rei plenior promittendi obligatio invenitur. nam si reus dumtaxat fuit obligatus, (naturaliter, fideiussor non liberabitur: si civiliter fuit obligatus,) fideiussor liberabitur. e contrario non potest dici non tolli fideiussoris obligationem, si debitor propriam et personalem habuit defensionem . . .

*Papinian* tadelt hier mit den herben Worten „quod volgo iactatur" — *Kuntze* übersetzt sehr treffend: „Schlendrian" — die unterscheidungslose Hinstellung der eben genannten Regel. Nach der zweifellos korrumpierten Stelle lautet in *Mommsens* Fassung[1]) die Entscheidung: die Bürgschaft erhält sich aber, wenn die Bürgschaftsschuld dem Gläubiger günstiger, wenn sie plenior ist als die Hauptschuld. Plenior ist sie aber nicht, wenn sie mehr Vorteile bietet, als die Hauptschuld,[2]) sondern in dem Falle, wenn letztere klaglos, die Bürgschaftsschuld aber klagbar ist. Freilich auch nur in diesem Falle, wie aus der Fortsetzung der Stelle gefolgert werden muſs.[3]) Hier hat das Bestehenbleiben der Bürgschaft seinen guten Sinn.

Denselben Fall der naturalen Hauptobligation (Darlehnsschuld eines Sklaven) und der civilen Bürgschaftsschuld, giebt l. 21 § 2 D. de fideiuss. XLVI, 1 mit der Entscheidung: „durare causam fideiussionis."

Das sind Sätze der Billigkeit. Freilich gehen sie noch nicht weit genug und werden im einzelnen Fall noch zu Härten führen. Aber diese Elastizität des Rechts hat noch nicht mal unser heutiges Recht erreicht.

Nur eine Stelle will in diese einfachen Sätze nicht hineinpassen.

---

[1]) Im Anschluſs an *Bas.* XXVI, 5, cap. 95.

[2]) *Windscheid*, II, § 480, 2 und *Dernburg*, Pand. II, § 82, Anm. 6.

[3]) Vgl. *Hasenbalg*, a. a. O. S. 680; *Friedmann*, S. 75; *Mosler*, S. 70.

L. 38 § 5 D. de solut. XLVI, 3, *Africanus:* Qui pro te apud Titium fideiusserat, pignus in suam obligationem dedit: post idem heredem te instituit. quamvis ex fideiussoria causa non tenearis, nihilo minus tamen pignus obligatum manebit. at si idem alium fideiussorem dederit atque ita heredem te instituerit, rectius existimari ait sublata obligatione eius, pro quo fideiussum sit, eum quoque qui fideiusserit liberari.

Angesichts dieses Fragments sind die Ansichten der Erklärer sehr geteilt, besonders darüber, ob die Inkongruenz und Inkonsequenz der Entscheidung beim Pfandrecht und Nachbürgen gerechtfertigt und also bindend ist. Entsprechend den bisherigen Sätzen, dafs die Bürgschaft nur dann plenior ist als die Hauptschuld und deshalb fortbesteht, wenn sie eine civile, jene eine naturale ist, folgt für *Africans* beide Fälle gleichmäfsig, dafs die Bürgschaft neben der civilen Hauptschuld untergehen mufs: quamvis ex causa fideiussoris non tenearis.

*Dernburg*,[1]) der die Bürgschaft trotzdem fortbestehen läfst, sieht als befremdend nicht den Fortbestand des Pfandrechts, sondern die Befreiung des Nachbürgen an. Er erklärt das damit, dafs man in dubio Entlastung des Bürgen annahm, der beim Zusammenfallen leicht verlieren könnte. Im übrigen sieht er die Entscheidung für unpraktisch an.[2]) *Baron* läfst die Bürgschaftsobligation weiter dauern[3]) in geradem Gegensatz zum Wortlaut der Stelle. *Ihering*[4]) sieht den Fortbestand des Pfandrechts in seiner noch nicht erereichten Zweckbestimmung. *Goldschmidt*[5]) hält die Entscheidung völlig aufrecht und erklärt sie aus Billigkeitsrücksichten. Die Lage des Gläubigers soll durch die Thatsache, dafs Haupt- und Bürgschaftsschuld in einer Person zusammentreffen, nicht verschlechtert werden. Die Befreiung des Nachbürgen beruhe auf dem für die Bürgschaft singulären Satz, dafs die Dauer der Obligation des Bürgen (hier des Nachbürgen) nicht über den Fortbestand der Hauptobligation (hier der Bürgschaft) erstreckt werden darf.

*Friedmann* trifft für das Pfandrecht eine ähnliche Erklärung aus demselben Grunde. Der Gläubiger wird durch den Fortbestand besser gestellt und der Schuldner-Bürge nicht schlechter. Er kann damit allerdings die Entscheidung für die Nachbürgschaft, die er an sich für ganz logisch hält, nicht in Einklang bringen. *Mosler*[6]) er-

---

1) Pfandrecht, II, S. 592 und Pand. II, § 82, 2; umgekehrt *Friedmann*, S. 80.
2) Ebenso *Girtanner*, a. a. O. S. 492 und 513.
3) A. a. O. S. 360.
4) A. a. O. S. 452, Anm. 75.
5) In *Iherings* Jahrb. Bd. XXVI, S. 351.
6) S. 71.

klärt die verschiedene Entscheidung für Pfand- und Nachbürgschaft aus der Natur der Institute: das Pfand solle nicht blofs die Forderung des Gläubigers gegen den Bürgen, sondern auch gegen den Hauptschuldner sichern, denn beide sind ihrem Leistungsgegenstande nach dieselben. Der Nachbürge will hingegen nur die Hauptbürgschaft sichern. Sind denn aber auch nicht in diesem Falle beide Forderungen, die des Gläubigers gegen den Hauptschuldner und den Hauptbürgen — „ihrem Leistungsgegenstande nach" — dieselben?

Ich meine, es hat keinen grofsen Wert, sich mit diesem Widerspruch zu quälen. Hält man das eine Institut für bestimmt, die Bürgschaft zu sichern, dann ist es unverständlich, das andere, das denselben Zwecken dient, aus formalen, schon zur Zeit der klassischen Jurisprudenz überwundenen Gründen anders zu behandeln. Zu lösen ist der Widerspruch nicht; wohlweislich hat auch *Afrikan* die nackten Thatsachen ohne den Versuch einer Erklärung nebeneinandergestellt. Es bleibt auch nichts anderes übrig, als die Entscheidung *Afrikans* mit *Dernburg* für unpraktisch anzusehen. Erfolgt dann aber die Entscheidung aus allgemeinen Sätzen und dem Zweck der Institute, so scheint es mir nicht zweifelhaft, dafs die Aufhebung der Nachbürgschaft zu verallgemeinern ist. Da unbedingt am Untergang der Bürgschaft festgehalten werden mufs, haben die Sicherungsmittel dieser Bürgschaftsobligation keine Grundlage mehr. Eine nicht mehr bestehende Obligation — das sahen wir oben — zu sichern, geht nicht wohl an: „cum principalis causa non consistat, plerumque ne ea quidem quae sequuntur locum habent."[1])

[1]) L. 178 D. de R.J. L, 17. Vergl. oben S. 55.

---

# III. Abschnitt.
# Die Konfusion im Bürgerlichen Gesetzbuch.

## § 14. Allgemeines.

Im folgenden soll noch kurz auf die Entwickelung der Konfusionslehre im B. G. B. eingegangen werden. Es ist keine eingehende Darstellung beabsichtigt, sondern mehr ein Hinweis, welche Gestalt die oben besprochenen Sätze im künftigen Reichsrecht angenommen haben.

Was zuerst den Namen anbetrifft, so findet sich freilich im Gesetzbuche entsprechend seiner Tendenz, die termini technici möglichst zu verdeutschen, das Wort: Konfusion nicht. Der Begriff wird meist wiedergegeben durch: „Vereinigung,“ „sich vereinigen,“ ohne dafs damit, wie oben [1]) ausgeführt wurde, das getroffen wird, was an dem Ausdruck confusio das Charakteristische ist.

Ihr Wesen aber hat die Konfusion auch im B.G.B. beibehalten und so finden wir denn auch hier die gleichmäfsige Wirkung der Vereinigung von Recht und Pflicht und von Recht und Belastung — dieselbe Erscheinung im Sachenrecht und im Recht der Schuldverhältnisse.

Berechtigterweise hat sich das Gesetzbuch ferngehalten von einer wissenschaftlichen Begründung der Wirkungen der Konfusion. Es hat freilich auch seinen Sätzen keine einheitliche Auffassung zu Grunde gelegt und das erschwert die juristische Konstruktion erheblich.

Wenn jetzt die einzelnen Bestimmungen besprochen werden sollen, so sei hier gleich bemerkt, dafs ein grofser Abschnitt ausfallen wird: Das Immobiliarsachenrecht. Der vorliegenden Arbeit ist der Rahmen gesteckt, die römischrechtliche Lehre der Konfusion und ihr Fortwirken im B.G.B. darzustellen. Kein Teil des B.G.B. steht

---

[1]) Siehe S. 12.

aber weniger als das Grundstücksrecht und namentlich das Hypothekenrecht unter dem Einflusse des römischen Rechts.[1]) Es erschiene da, so verlockend es wäre, auf die interessante Materie einzugehen, mehr als äufserlich, wollte man, weil natürlich ein Zusammentreffen von Recht und Belastung auch hier möglich ist, die römischrechtlichen Voraussetzungen herauspressen. Die Gezwungenheit offenbart sich in *Moslers*[2]) Versuch, die Sätze des B.G.B. von diesem Standpunkte zu betrachten. Er mufs, um die Bestimmungen des Gesetzbuchs zu erklären, das „Interesse der Gesamtheit als am Recht und an der Belastung haftend" auffassen. M. E. verdunkelt eine solche gekünstelte Konstruktion eher das klare Verständnis der Gesetzesbestimmungen, als dafs sie es förderte und erleichterte. Jene Bestimmungen, vor allem der § 889: „Ein Recht an einem fremden Grundstück erlischt nicht dadurch, dafs der Eigentümer des Grundstücks das Recht oder der Berechtigte das Eigentum an dem Grundstück erwirbt," — erklären sich unschwer aus dem wirtschaftlichen Gesichtspunkt vom Wert des Realkredits, der der deutschen Auffassung entspricht und in mittelalterlichen Stadtrechten sich vorfand, aus dem Prinzip des öffentlichen Glaubens des — deutschrechtlichen — Grundbuchs, das dem römischen Recht fremd geblieben ist.

Deshalb ist auch heute die Hypothek ebenso wie die ganz deutschrechtliche Grundschuld[3]) gesondert vom römischen Recht zu behandeln und so auch aus dieser Abhandlung auszuscheiden. Es wurde bereits oben betont, dafs die Fälle des Pfandrechts an eigener Sache im römischen Recht sich als Abweichung von der Regel darstellen, dafs sie aber keineswegs den Keim der heute für das Hypothekenrecht so hochwichtigen Eigentümerhypothek bilden. Und schliefslich darf doch nicht verkannt werden, dafs trotz der sich auch heute noch vorfindenden Bestimmung der Hypothek als Sicherungsmittels und ihres — meist — accessorischen Charakters unser Hypothekenrecht mit dem römischen oder gemeinrechtlichen kaum mehr als den Namen gemein hat.

---

## § 15. 1. Niefsbrauch.

Wie die oben citierten Quellenstellen bestimmt § 1063 Abs. 1: „Der Niefsbrauch an einer beweglichen Sache erlischt, wenn er mit dem Eigentum in derselben Person zusammentrifft."

---

[1]) Motive, III, S. 9 und 201.

[2]) S. 89 ff.

[3]) Hier will auch *Mosler*, S. 104 nicht mit römischrechtlichen Begriffen vorgehen.

Dasselbe gilt von § 1072, der für den Niefsbrauch an einem Recht bestimmt:

„Die Beendigung des Niefsbrauchs tritt nach den Vorschriften der §§ 1063, 1064 auch dann ein, wenn das dem Niefsbrauch unterliegende Recht nicht ein Recht an einer beweglichen Sache ist."

Wir brauchen hierbei nicht näher auf die Natur des Rechts am Recht einzugehen, — das Gesetzbuch hat es als Recht am Recht aufgefafst[1]) — auch nicht auf den Umfang der beiden zusammentreffenden Rechte. Es genügt, dafs die Spannung zwischen dem, der zu fordern — dem Forderungsniefsbraucher — und dem, der zu leisten hat — dem Gläubiger — weggefallen ist und deswegen das Rechtsverhältnis zu Grunde gehen mufs. —

Die Streitfrage des gemeinen Rechts nach der Wirkung der Konfusion bei Belastung der Berechtigung, des Niefsbrauchs, mit dem Rechte eines Dritten löste der Entwurf I durch § 1016 Satz 2:

„Die Aufhebung tritt jedoch nicht ein, solange der Niefsbrauch mit dem Rechte eines Dritten belastet ist."

Die Motive[2]) gaben als Grund für diese Ausnahme von der regelmäfsigen Wirkung der Konfusion das in Betracht kommende Interesse des Dritten an, — also denselben Grund, den wir oben fanden.

Die II. Kommission aber strich diesen Satz:[3]) Der § 1016 erledigte sich, soweit der Niefsbrauch mit dem Rechte eines Dritten belastet ist, dadurch, dafs nach dem zu § 1011[4]) gefafsten Beschlusse eine solche Belastung ausgeschlossen ist.

Damit ist der Fall abgethan: Der Niefsbrauch kann nicht mehr belastet werden.

Dagegen trifft das Gesetzbuch für den Fall, dafs nicht das Recht, sondern das Eigentum dem dinglichen Recht noch eines Dritten unterliegt, die besondere Bestimmung in § 1063 Abs. 2:

„Der Niefsbrauch gilt als nicht erloschen, soweit der Eigentümer ein rechtliches Interesse an dem Fortbestehen des Niefsbrauchs hat."

Die Motive[5]) sagten noch ausdrücklich, dafs „beim Niefsbrauch an einer beweglichen Sache niemals die Annahme eines die Konfusion überdauernden Fortbestands wie beim Faustpfandrecht im Interesse des Eigentümers liege".

---

[1]) Vgl. Motive, III, S. 539, 550: „dingliche Natur des Niefsbrauchs an Forderungen." — Vgl. *Schwedler*, S. 90 ff.

[2]) III, S. 531.

[3]) Protokolle, S. 4106.

[4]) Protokolle, S. 4098—4102.

[5]) III, S. 531.

Dagegen lautete der zweite Absatz des § 1046 der Reichstagsvorlage schon so wie der jetzige Text.

Da die Motive ausdrücklich die Analogie mit dem Pfandrecht ablehnen, so mag jetzt, wo sie durchgeführt ist, hier der Standpunkt der Motive[1]) angeführt werden: „Es ist die Möglichkeit zu berücksichtigen, dafs bei der Vereinigung eines älteren Pfandrechts — Niefsbrauchs — mit dem Eigentum jenes Recht wegen des Vorhandenseins anderer jüngerer den Wert der Sache erschöpfender Pfandrechte — oder Niefsbrauchsrechte — als das wertvollere Recht erscheint. In diesem Falle die Rechtsvereinigung zum materiellen Nachteile derjenigen Person ausschlagen zu lassen, in welcher ein Überflufs von Recht stattfindet, würde eine Unbilligkeit sein."

Der Fall liegt hier ebenso wie der oben[2]) besprochene: die Entscheidung des Fortbestehens des Niefsbrauchs beruht auf der Mitbeteiligung jenes Dritten.[3]) Freilich setzt das Gesetz ausdrücklich relativen Bestand des Niefsbrauchs: nur soweit der Eigentümer ein rechtliches Interesse an dem Fortbestehen des Niefsbrauchs hat, fest.[4]) Das besagte die viel getadelte Fiktion des Satzes, die nichts anderes bedeutet als: der Niefsbrauch an einer beweglichen Sache bleibt bestehen beim Zusammentreffen mit dem Eigentum in derselben Person, soweit der Eigentümer ein rechtliches Interesse an dem Fortbestehen des Niefsbrauchs hat.[5]) Das Interesse des Eigentümers besteht nun besonders darin, die nachstehenden dinglich Berechtigten am Aufrücken in die freiwerdende erste Stelle zu hindern. Ihnen gegenüber kann er sich also auf den Fortbestand des Niefsbrauchs berufen.

Bei dem oben erwähnten Niefsbrauch an einem Recht sind aufser dem besprochenen noch andere Konfusionsfälle denkbar, über die das Gesetzbuch keine Bestimmungen getroffen hat, die aber aus seinem Geiste heraus zu entscheiden sind.

1. Es fällt nicht der Gläubiger, sondern der Schuldner mit dem Niefsbraucher zusammen: dann treffen garnicht Berechtigung und Belastung des in Frage stehenden Rechts — des Niefsbrauchs — aufeinander. Es wäre höchst ungerecht gegen den Gläubiger, sollte die Thatsache auf sein Recht zurückwirken. Denn was er von dem Schuldner zu fordern hat, deckt sich durchaus nicht mit dem, was

---

[1]) III, S. 842.

[2]) S. 24.

[3]) *Mosler*, S. 81 lässt die ganze Belastung mit der Berechtigung nicht zusammengeflossen sein.

[4]) A. A. *Schwedler*, S. 155. Ebenso *Mosler*, S. 81.

[5]) Vgl. *Fischer*, a. a. O. S. 40.

er dem Niefsbraucher zu leisten hat. Andererseits wäre es reiner Formalismus, wenn der Niefsbraucher von dem Gläubiger etwas forderte, was dieser, um es leisten zu können, erst wieder von dem Niefsbraucher — jetzt in seiner Eigenschaft als Schuldner — fordern müfste. Man wird sich den Niefsbrauch deshalb am besten wohl als während der Vereinigung mit der Schuld ruhend vorstellen.[1])

2. Gläubiger und Schuldner werden eine Person. Was erfolgt mit dem Niefsbrauch an der Obligation? § 1032 des I. Entwurfs bestimmte für den Fall:

„Vereinigen sich die dem Niefsbrauche unterliegende Forderung und die Verbindlichkeit in derselben Person, so wirkt die Vereinigung nicht gegen den Niefsbraucher."

Die Motive[2]) bemerken dazu: „Man kann vielleicht schon aus der dinglichen Natur des Niefsbrauches an Forderungen die Konsequenz ableiten, dafs die eintretende Vereinigung von Forderung und Verbindlichkeit zwar nicht überhaupt wirkungslos ist, aber doch dem Rechte des Niefsbrauchers keinen Abbruch thun kann. Da indessen eine zu Gunsten des Niefsbrauchers anzunehmende in gewisser Weise relative Fortdauer des aufgehobenen Rechts leicht bezweifelt und der Untergang des Niefsbrauchs mit dem Untergange seines Gegenstandes angenommen werden könnte, so empfiehlt sich die Aufnahme einer jeden Zweifel beseitigenden Vorschrift."

Trotz dieses zutreffenden Grundes strich die II. Kommission den Satz mit der Begründung:[3]) „Die Mehrheit war der Ansicht, es folge schon aus der dinglichen Natur des Niefsbrauchs, dafs die Vereinigung der dem Niefsbrauche unterliegenden Forderung und der entsprechenden Verbindlichkeit in derselben Person dem Rechte des Niefsbrauchers keinen Abbruch thue. Es sei nicht Aufgabe des Gesetzgebers, solche selbstverständlichen(!) Konsequenzen im Gesetze zum besonderen Ausdruck zu bringen: sie könne darauf vertrauen, dafs die Wissenschaft und die Praxis die richtigen Schlufsfolgerungen finden werden."

Die Rechtslage ist nun eine eigentümliche: Die I. Kommission wollte ausdrücklich nur relativen Bestand der Forderung. Das Gesetzbuch enthält keine Bestimmung, also sind die Absichten der Redaktoren ohne zwingende Bedeutung für uns.[4]) M. E. ist darum zu folgern, dafs die Forderung absolut fortbesteht, wenn hierdurch auch das Vertrauen der II. Kommission getäuscht wird.

---

[1]) Im Resultat ähnlich *Schwedler*, S. 122. Er denkt hauptsächlich an die wirtschaftlichen Vorteile dieses Falls.

[2]) III, S. 550.

[3]) Protokolle, S. 4125

[4]) Ebenso *Mosler*, S. 80.

Die allgemeinen Erwägungen, die uns bei der Entscheidung der Frage für das gemeine Recht geleitet haben, treffen auch hier zu. Umsomehr als wir an dem gleich zu besprechenden § 1256 ein wichtiges Analogon haben.

Zu demselben Resultat kommt auch *Schwedler*,[1]) aber auf einem ganz anderen Wege, auf dem ich ihm nicht zu folgen vermag. Es ist durchaus nicht zuzugeben, dafs der Untergang eines Rechts durch Konfusion in Anbetracht dieses Rechts ein kasueller ist im Gegensatz zur Solution als Typus der Endigungsgründe, die dem Recht von Anfang an innewohnen. Das ist bei der Konfusion ebenfalls der Fall. Einem Recht, das von Anfang an auf zwei Personen gestellt ist, ist essentieller Endigungsgrund das Vorhandensein nur noch einer Person. Auch berücksichtigt *Schwedler* nicht genügend, dafs im Gesetzbuch auch noch das Bestreben der Motive hervortritt, die Sätze des Sachenniefsbrauchs, soweit es geht, zu übertragen auf den Niefsbrauch an einem Recht.[2])

## § 16. 2. Pfandrecht.

Das B.G.B. formuliert in § 1256 Abs. 1 Satz 1 den römischrechtlichen Gesichtspunkt:

„Das Pfandrecht erlischt, wenn es mit dem Eigentum in derselben Person zusammentrifft."

Es steht ganz auf dem Boden des gemeinen Rechts, wenn es im zweiten Satze fortfährt:

„Das Erlöschen tritt nicht ein, solange die Forderung, für welche das Pfandrecht besteht, mit dem Rechte eines Dritten belastet ist."

Die Motive[3]) verweisen noch besonders auf die oben beim Niefsbrauch erwähnten Bestimmungen.

Auch der zweite Absatz des § 1256 ist schon oben beim Niefsbrauch genügend berücksichtigt worden:

„Das Pfandrecht gilt als nicht erloschen, soweit der Eigentümer ein rechtliches Interesse an dem Fortbestehen des Pfandrechts hat."[4])

---

[1]) S. 128.

[2]) Vgl. §§ 1068 Abs 2 und 1072 B G.B.

[3]) III, S. 842 zum § 1193 des I. Entwurfs. Vgl. oben S. 69.

[4]) **Mosler**, S. 81 will diese Vorschrift auf den Fall beschränken, dafs das Pfandrecht für die Schuld eines Dritten bestellt ist. Denn sonst müsste es als Accessorium des untergegangenen Schuldverhältnisses zu Grunde gehen.

Auch beim Pfandrecht an einem Recht, das das B.G.B. ähnlich wie den Niefsbrauch an einem Recht behandelt, sind jene drei Konfusionsfälle möglich.

I. Der Pfandgläubiger und der Gläubiger fallen in einer Person zusammen: das Pfandrecht erlischt gemäfs § 1273 Abs. 2:

„Auf das Pfandrecht an Rechten finden die Vorschriften über das Pfandrecht an beweglichen Sachen entsprechende Anwendung, soweit sich nicht aus den §§ 1274 bis 1296 ein anderes ergiebt . . .“

Wenn auch der Gegenstand des Pfandrechts das Recht als solches, die Forderung, bildet, so bleibt es doch nur zu verwirklichen mittels des Gläubigers als Verpflichteten. Demnach ist hier der Fall des § 1256 Satz 1 gegeben.

II. Treffen Pfandgläubiger und Schuldner der verpfändeten Forderung in einer Person zusammen, so tritt freilich kein Untergang ein, da die entgegengesetzten Faktoren des Pfandrechtsverhältnisses nicht zusammengefallen sind. Aber so wie früher besteht das Pfandrecht doch nicht weiter, sondern geändert, entsprechend der Unmöglichkeit, durch den Gläubiger von sich selbst etwas beizutreiben.[1])

III. Den Fall, dafs die dem Pfandrecht unterliegende Forderung in einer Person zusammentrifft, behandelte der § 1223 des I. Entwurfs:

„Vereinigen sich die dem Pfandrechte unterliegende Forderung und die Verbindlichkeit in derselben Person, so wirkt die Vereinigung nicht gegen den Pfandgläubiger.“

Diese Vorschrift wurde aber ebenso wie die des § 1032 von der II. Kommission mit der Begründung gestrichen,[2]) dafs die entsprechende Bestimmung beim Niefsbrauch auch gefallen sei. Trotzdem wird auch hier nicht, wie die Mehrheit der Kommissionsmitglieder annahm, nur relativer Fortbestand — zu Gunsten des Pfandgläubigers —, sondern absoluter anzunehmen sein.

Mit Recht verweist hierbei *Mosler*[3]) auf § 1256 Satz 2, der die gleiche Entscheidung für ein mit dem Rechte eines Dritten belastetes dingliches Recht festsetzt. Hier ist die absolute Fortdauer des Pfandrechts ausdrücklich betont und nach dem Gesetzbuch steht der Übertragung von Bestimmungen für dingliche Rechte auf Schuldverhältnisse nichts im Wege. Das B.G.B. behandelt ja im Anschlufs an die gemeinrechtliche Theorie die Konfusion als ein einheitliches Institut, einheitlich in seinen Wirkungen auf dingliche und obligatorische Rechte.

---

[1]) Ebenso *Schwedler*, S. 143 ff.

[2]) Protokolle, S. 4353.

[3]) S. 78 ff.

Daraus, dafs der Pfandgläubiger allerdings nicht zu seinem Rechte kommen kann, weil der Schuldner gemäfs § 1281 nur an Pfandgläubiger und Gläubiger gemeinschaftlich leisten kann, ist gegen diese Annahme nichts zu entnehmen. Denn derselbe Paragraph giebt die Möglichkeit der Hinterlegung oder Ablieferung an einen gerichtlich zu bestellenden Verwahrer.

## § 17. 3. Schuldverhältnis.

Das Gesetzbuch, das den naturnotwendigen Untergang des dinglichen Rechts im Falle der Vereinigung von Recht und Last in einer Person ausspricht, unterläfst dies beim Schuldverhältnis. Im I. Entwurf stand noch der Satz des § 291:

„Das Schuldverhältnis erlischt, wenn Forderung und Verbindlichkeit in derselben Person sich vereinigen".

Die Motive [1]) bemerken dazu:

„Niemand kann sein eigener Gläubiger oder Schuldner sein. Hierauf beruht der allerseits anerkannte Satz, dafs das Schuldverhältnis erlischt, wenn Forderung und Verbindlichkeit in derselben Person sich vereinigen, gleichgültig, auf welchem Grunde diese Vereinigung beruht. Es wird nicht eine Erfüllung infolge des Überganges der Forderung auf den Schuldner oder der Schuld auf den Gläubiger unterstellt. Die Vereinigung ist vielmehr ein selbständiger, aus jenem Prinzipe folgender Erlöschungsgrund, welcher selbstverständlich nur insoweit eintritt, als die Vereinigung eintritt. Mit ihrem Eintritte erlöschen auch die von dem Bestande des Schuldverhältnisses abhängigen Nebenrechte.

In der bestehenden Gesetzgebung wird in verschiedener Weise ausgesprochen, dafs, falls die Vereinigung infolge eines besonderen Umstandes kraft Gesetzes keine endgültige sei, das Schuldverhältnis mit der Wiederaufhebung der Vereinigung wieder in Kraft trete, z. B. A. L. R. I, 16 § 478. „Zu einer solchen Vereinigung wird ferner erfordert, dafs in ihr das Recht und die Verbindlichkeit aus einem unwiderruflichen Grunde zusammenkommen."

§ 479. „Ist der Vertrag oder die Handlung, wodurch die Vereinigung erfolgt, widerruflich, so ruhen die Rechte und Pflichten nur so lange, als die Vereinigung dauert."

§ 480: „Wenn also das dem Schuldner übertragene Recht vermöge des Vertrages oder andern Rechtsgrundes, durch welchen selbiges auf ihn gediehen ist, wiederum an einen Andern gelangt, so tritt der Verpflichtete wieder in die vorige Verbindlichkeit." —

---

[1]) II, S. 116.

Der Entwurf hat eine derartige Vorschrift nicht aufgenommen. Die fraglichen Fälle lassen sich einer allgemeinen Regel nicht unterordnen. Sie sind im Entwurf je an der geeigneten Stelle besonders geordnet (Erbschaftskauf, Nacherbfolge, Nachlaſsverwaltung und -konkurs)."

Der II. Kommission wurde im Hinblick auf die abfällige Kritik [1]) der Antrag unterbreitet, die Bestimmung zu streichen. Die Protokolle sagen hierüber: [2]) „Die Kommission beschloſs die Streichung in Erwägung, daſs die Regel des § 291, soweit sie richtig ist,[3]) aus dem Wesen der Obligation sich von selbst ergiebt und überdies aus den Ausnahmen, welche der Entwurf enthält, sich unschwer ableiten läſst."

Damit ist grundsätzlich die Bestimmung des I. Entwurfs gebilligt und die durchaus richtige Begründung der Motive wird Konfusionserscheinungen auch trotz des Fehlens eines besonderen Rechtssatzes zu Grunde zu legen sein; denn der Untergang eines Schuldverhältnisses durch Konfusion ist unabhängig von der Aufnahme in ein Gesetzbuch. Er ist unabweisliche Folge des Wesens des Schuldverhältnisses und deshalb ist jener allgemeine wissenschaftliche Lehrsatz in der That überflüssig, sicher aber auch aus den Ausnahmen sogleich zu entnehmen.

Auch das in den Motiven erwähnte Aufhören der accessorischen Bürgschaft entspricht unsern obigen Ausführungen. Wenn das B.G.B. auch nicht wie das A.L.R I, 16 § 497: „Soweit der Gläubiger und der Hauptschuldner einander beerben, wird zugleich die Verbindlichkeit des Bürgen aufgehoben" — eine besondere Bestimmung darüber enthält, so ist es aus § 767, der die Abhängigkeit der Bürgschaft von der Hauptverbindlichkeit bestimmt, zu folgern.

Dasselbe gilt von dem Pfandrecht [4]) als Sicherung der Forderung für den Fall, daſs Verpfänder und Schuldner nicht dieselbe Person ist.[5]) § 1252:

„Das Pfandrecht erlischt mit der Forderung, für die es besteht."

Auf der Grundlage des römischen Rechts ruht auch die Entscheidung des B.G.B. im § 425 für das passive Gesamtschuldverhältnis:

---

[1]) Siehe *Schwedler*, S. 73 Note 2.

[2]) S. 757, Buchausgabe Bd. I, S. 376.

[3]) Ein unverständlicher Zusatz. Die Regel ist in jedem Falle richtig und da die Ausnahmen klar als solche hingestellt werden, bestätigen sie auch in diesem Falle die Regel. — A. A *Stammler*, a. a. O. S. 256.

[4]) Die Frage nach dem Rechtsschicksal der Hypothek muſs auch für diesen Fall hier unbeantwortet bleiben. Selbst *Mosler*, S. 84 spricht hier von einer Umwälzung der Konfusionsgrundsätze.

[5]) Sonst folgt der Untergang schon aus § 1256.

„Andere .... Thatsachen wirken, soweit sich nicht aus dem Schuldverhältnis ein Anderes ergiebt, nur für und gegen den Gesamtschuldner, in dessen Person sie eintreten.

Dies gilt insbesondere von .... der Vereinigung der Forderung mit der Schuld."

In durchaus zutreffender Weise begründen die Motive [1]) dies folgendermafsen:

„Die Vereinigung von Forderung und Verbindlichkeit in der Person eines Gesamtschuldners ist für sich allein ohne Einflufs auf die Rechte und Verbindlichkeiten der übrigen Gesamtschuldner, hinsichtlich deren eine Rechtsvereinigung nicht eingetreten ist. Die Vereinigung wirkt nicht wie die Erfüllung. Der eigentliche Grund der Aufhebung der Obligation durch Vereinigung, dafs nämlich Niemand sein eigener Gläubiger oder Schuldner sein kann, trifft in Bezug auf die übrigen Gesamtschuldner nicht zu, und es beschränkt sich daher die Wirkung der Konfusion auf denjenigen Gesamtschuldner, in dessen Person sie erfolgt ist. Besteht unter den Gesamtschuldnern eine Verpflichtung zur gegenseitigen Ausgleichung, so versteht sich von selbst, dafs im Falle der Vereinigung von Forderung und Verbindlichkeit in der Person eines Gesamtschuldners die von demselben belangten übrigen Gesamtschuldner denjenigen Anteil an der Gesamtschuld abrechnen können, welchen der erstere als Mitschuldner ihnen zu ersetzen verpflichtet wäre."

Mit diesem letzten Satze, der die Fälle des § 426 trifft, wird das Gesetzbuch der fürs römische Recht festgesetzten Ausnahme gerecht.

Der Entwurf I hatte seine Entscheidung gleichmäfsig für passive und aktive Gesamtschuldverhältnisse getroffen.

§ 333. „Die Vereinigung von Forderung und Verbindlichkeit in der Person eines Gesamtgläubigers oder Gesamtschuldners wirkt nicht gegen die übrigen Gesamtgläubiger oder für die übrigen Gesamtschuldner."

In der II. Kommission aber machte sich in Folge der Kritik, die § 333 gefunden hatte,[2]) das Bestreben geltend, seine Wirkung auf die passive Korrealobligation zu beschränken. „Denn, führen die Protokolle [3]) aus, § 333 des Entwurfs, welcher im Gegensatz zu der vorgeschlagenen Regelung bestimmt, dafs die Vereinigung der Forderung und der Schuld in der Person eines der Gläubiger das Erlöschen des Gesamtschuldverhältnisses nicht zur Folge haben

---

[1]) II, S. 166.

[2]) Besond. *Gierke*, Personengemeinschaft und Vermögensinbegriff, S. 78 zu A. 12; *Bähr*, Gegenentwurf, § 325; *Jakubezky*, Bemerkungen, S. 74 u. A. m.

[3]) S. 891 ff.

solle, führe in denjenigen Fällen, in denen eine Ausgleichungspflicht unter den Gesamtgläubigern nicht bestehe, zu einer unbilligen, mit dem inneren Wesen des aktiven Gesamtschuldverhältnisses nicht vereinbaren Ergebnisse. Denn der Schuldner habe an sich die Wahl, gegenüber welchem der Gesamtgläubiger er die Leistung bewirken wolle. Dieses Wahlrecht dürfe ihm aus dem Grunde, weil er infolge eines späteren Ereignisses auch die Rechte eines Gläubigers in seiner Hand vereinige, nicht entzogen, bezw. beschränkt werden. Vielmehr müsse es ihm freistehen, auch denjenigen Gläubiger, in dessen Rechte er eingetreten sei, als Destinatär der Leistung zu betrachten und sich auf diese Weise von seiner Verbindlichkeit zu befreien. Zur Vermeidung der hierin liegenden Unbilligkeit empfehle es sich, an die Vereinigung der Forderung und der Schuld in der Person eines Gläubigers das Erlöschen der Verbindlichkeit zu knüpfen, weil diese Regelung in denjenigen Fällen, in denen eine Ausgleichungspflicht bestehe, zu dem gleichen praktischen Ergebnisse, wie die Vorschrift des § 333 E. I. führe. Der Redaktionskommission könne es allerdings überlassen bleiben, durch eine andere Fassung die Vorschriften des Abs. 2 auf die Fälle zu beschränken, in denen die Gesamtgläubiger zu einem gegenseitigen Ausgleich nicht verpflichtet seien."

Diese Gesichtspunkte sind ausschlaggebend gewesen und so bestimmt B.G.B. § 429 Abs. 2:

„Vereinigen sich Forderung und Schuld in der Person eines Gesamtgläubigers, so erlöschen die Rechte der übrigen Gläubiger gegen den Schuldner."

Ferner wurde aber für die passive Korrealobligation der oben citierte Zusatz bestimmt: „soweit sich nicht aus dem Schuldverhältnis ein Anderes ergiebt."

Es ist richtig, dafs der Zusatz die Klarheit der Bestimmungen des § 425 nicht gerade fördert,[1] dennoch aber ist ein ausdrückliches Betonen der dispositiven Natur des Satzes ganz angebracht, umsomehr als dadurch noch darauf hingewiesen wird, dafs eine Abweichung von der aufgestellten Regel auch stillschweigend vereinbart werden und sich aus der Natur und dem Zwecke des betreffenden Schuldverhältnisses ergeben könne.[2]

Was aber hauptsächlich durch die II. Kommission erreicht ist, ist die verschiedene Behandlung der aktiven und der passiven Korrealobligation: Hier wirkt die Vereinigung nur als persönlicher Erlöschungsgrund, dort gesamtzerstörlich. Diese Regelung ist keine

---

[1]) *Schwedler*, S. 79.

[2]) *Planck*, Kommentar, Band II, Note I zu § 425.

glückliche und konsequente.[1]) Wenn sich das Gesetzbuch auch natürlich nicht über das juristische Wesen der Gesamtschuld äufsert, so geht doch aus den Materialien mit genügender Sicherheit hervor,[2]) dafs sie gedacht ist als Mehrheit einzelner selbständiger Schuldverhältnisse, denen das Schuldobjekt gemeinsam ist.[3]) Damit ist der § 429 dann schwer in Einklang zu bringen; denn es bleibt doch stets richtig, dafs die Vereinigung von Recht und Pflicht nur zwischen dem einen Gesamtgläubiger und dem Schuldner eingetreten ist, also auch nur diese Einzelobligation untergehen kann. „Denn der eigentliche Grund der Aufhebung, dafs Niemand sein eigener Schuldner sein kann, trifft in Bezug auf die übrigen Gesamtgläubiger nicht zu.“[4])

Auch das dem gegenüber von der II. Kommission betonte Wahlrecht kann hieran nichts ändern. Es trifft auch gar nicht zu, dafs das Konfusionssubjekt noch die Wahl habe, welchem Gesamtgläubiger es leisten wolle. Denn im Moment des Zusammentreffens ist ja die Obligation untergegangen.[5])

Trotzdem sagt auch *Planck:*[6]) „Der Schuldner ist in solchem Fall berechtigt, an sich selbst zu leisten.“ Kurz vorher sagt er aber selbst, bei der passiven Korrealobligation:[7]) „Der Grund der Konfusion ist der, dafs Niemand sein eigener Schuldner sein kann“ — also an sich selbst leisten kann.

*Stammler*[8]) deutet an, aus dem § 429 sei zu folgern, dafs gesetzlich die bisher im gemeinen Recht mit Grund abgelehnte Fortdauer des Wahlrechts nach der eingetretenen Konfusion festgesetzt sei. Sie erkläre am besten ohne technische Schwierigkeiten gleichmäfsig die Erscheinung bei der aktiven und passiven Gesamtschuld. M. E. ist das unmöglich, wenn man, wie es auch *Stammler*[9]) selbst thut, die bisherigen Grundgedanken der Konfusion weiter wirksam sein läfst. Und nach dem Zusammentreffen kann der Schuldner nicht mehr wählen, weil er nicht mehr Schuldner ist.

Freilich, man hat mit Recht bemerkt,[10]) dafs die verschiedene

---

[1]) A. A. *Stammler*, S. 260.

[2]) Vgl. Protokolle, S. 879 zu § e A I: „Der selbständige und unabhängige Charakter der Einzelverpflichtungen der zu einem Gesamtschuldverhältnis verbundenen Schuldner.“ Ebenso *Stammler*, S. 259 ff., der seinerseits aber die andere, *Windscheid*sche Auffassung vertritt.

[3]) *Dernburg*, Pand. II, § 72.

[4]) Motive, II, S. 166.

[5]) Ebenso *Schwedler*, S. 81.

[6]) Note 5 zu § 429

[7]) Note 2e zu § 425.

[8]) S. 260, Anm. 1.

[9]) S. 258.

[10]) Vergl. *Mosler*, S. 85, *Schwedler*, S. 82.

Regelung bei den beiden Arten der Gesamtschuld praktisch keine Verschiedenheit hervorrufen wird, weil Gesamtschuldner und -gläubiger nach §§ 426, 430 in dubio anteilig verpflichtet oder berechtigt sind. Der Gesamtschuldner-Gläubiger darf nur noch den Inhalt des Schuldverhältnisses nach Abzug seines Schuldanteils fordern und der Gesamtgläubiger-Schuldner mufs jedem seiner correi dessen Anteil überantworten.[1])

Für den Fall, dafs die mehreren Schuldner eine unteilbare Leistung schulden, bestimmt § 431:

„Schulden mehrere eine unteilbare Leistung, so haften sie als Gesamtschuldner."

Ist also der Erfolg derselbe wie im Fall des § 425, so betont doch *Mosler*[2]) zutreffend, aus ganz anderem Grunde! Entscheidend ist hier die Mitverpflichtung der an der Konfusion unbeteiligten correi.

Haben dagegen mehrere eine unteilbare Leistung zu fordern, z. B. die Erben eines Deponenten, so heifst es im § 432 Abs. 2:

„Im Übrigen wirkt eine Thatsache, die nur in der Person eines der Gläubiger eintritt, nicht für und gegen die übrigen Gläubiger."

Die Vorschrift, die im I. Entwurf[3]) offensichtlich wegen der für eine teilbare Leistung gleichlautenden Vorschrift gewählt war, ist stehen geblieben, trotzdem jene gefallen ist. Sie entspricht aber auch der Rechtslage. Denn durch die Vereinigung mit einem Gläubiger wird die Verpflichtung des Schuldners den andern gegenüber nicht berührt.

Die Folge dieser Regelung ist, dafs das Konfusionssubjekt als Gläubiger zwar ausscheidet, aber als Schuldner den übrigen Gläubigern, denen ja weiter die ganze — unteilbare — Leistung gebührt, verpflichtet bleibt. Besteht dann kein Regrefsrecht unter den Gläubigern, so will *Stammler*[4]) mit einer Klage aus ungerechtfertigter Bereicherung zu Hilfe kommen.

Zum Schlufs noch ein Hinweis auf die bei dem modernen Institut des Inhaberpapiers möglichen Konfusionsfälle. Es ist freilich im B.G.B. nicht geregelt, fügt sich aber besser hier ein als in der gemeinrechtlichen Darstellung.

Dafs bei Inhaberpapieren Gläubiger und Schuldner in einer Person zusammentreffen können, ist einleuchtend, da es ein Schuld-

---

[1]) *Schwedler*, S. 83 leugnet dies im Hinblick darauf, dass der Gläubiger selbst nichts erhalten hat. Aus *Stammler*, S. 250 ist Übereinstimmung mit dem Texte zu entnehmen.

[2]) S. 86.

[3]) § 339, vgl. Motive, II, S. 172.

[4]) S. 259, Anm. 2.

verhältnis repräsentiert. Zudem ist es ausdrücklich in der Wechselordnung Art. 10 Satz 2 anerkannt:

„Auch an den Aussteller, Bezogenen, Acceptanten oder einen früheren Indossanten kann der Wechsel gültig indossiert und von demselben weiter indossiert werden."

Einen rechtlichen Unterschied in dieser Frage zwischen dem Wechsel und den übrigen Inhaberpapieren zu machen, wie es *Schwedler*[1]) thut, ist durchaus nicht angebracht. Die Grundsätze, die bei der Vereinigung mafsgebend sind, sind die gleichen und es ist auch die juristische Konstruktion der Begründung der Skripturobligation — ob schon durch Ausstellung oder erst mit Begebung — für diese Frage bedeutungslos.[2])

Das Charakteristische des Inhaberpapiers ist dies, dafs es an eine persona incerta als Gläubiger gerichtet ist — jeder Vorzeiger ist Gläubiger — und dafs es, um die verbrieften Rechte zur Entstehung zu bringen, einen Willensakt des Gläubigers, die Präsentation des Papiers, an dessen Besitz sich die Gläubigerschaft knüpft, an den Schuldner voraussetzt. Da nun der Inhaber-Aussteller sich selbst nicht präsentieren und zahlen kann, also kein Gläubiger vorhanden ist, der Inhalt des Rechts aber offensichtlich durch den Personenzusammenfall nicht beeinflufst wird, so bleibt das Recht bestehen, ohne dafs es verwirklicht werden kann. Anders ausgedrückt, das Schuldverhältnis ruht.[3]) Begiebt aber der Aussteller, dessen Verpflichtungswille fortdauert, das Papier durch neues Indossament an einen Dritten, so steht nichts im Wege, nun das Recht geltend zu machen, „wie wenn die Zwischenperiode niemals eingetreten wäre."[4])

---

[1]) S. 69.

[2]) *Schwedler*, a. a. O. unterscheidet dabei verschiedene Wirkungen. Er läfst die Konfusion bei Annahme der Kreationstheorie wirkungslos, andernfalls vernichtend sein.

[3]) *Schwedler*, S. 70 stellt es so dar, als ob der Aussteller-Indossatar sein Recht deshalb nicht geltend machen konnte, weil die Vorindossatare ihm als dem primo loco Verpflichteten ihr Regrefsrecht gegen ihn selbst einredeweise entgegenhalten würden.

[4]) E.R.G., Bd. 18, S. 8. Ebenso *Dernburg*, Preuss. Privatrecht, II § 103 Anm. 4, *Ihering* in seinen Jahrb. Bd. X, S. 454. — Es macht einen eigentümlichen Eindruck, wenn *Mosler*, S. 87 in der „Vernichtung des Papiers, durch die das die Aufzehrung von Recht und Pflicht hemmende Element verschwindet, Erlöschen des Schuldverhältnisses durch Konfusion" erblickt.

## § 18. 4. Besondere erbrechtliche Bestimmungen.

Nach dem B.G.B. § 1942 geht die Erbschaft auf den Erben unmittelbar mit dem Tode des Erblassers ohne einen besonderen Antritt über. In diesem Augenblicke erlöschen auch die zwischen dem Erblasser und Erben bestehenden Rechtsverhältnisse. Macht der Erbe nachträglich von seinem Recht, die Erbschaft auszuschlagen Gebrauch, so gilt der Anfall nach § 1953 an ihn als nicht erfolgt, dagegen an denjenigen, welcher berufen sein würde, wenn der Ausschlagende z. Z. des Erbfalls nicht gelebt hätte, als mit dem Erbfall erfolgt. Es stellt sich dann heraus, dafs der vermeintliche Erbe in Wirklichkeit garnicht Erbe geworden ist. So sind also auch die Rechtsverhältnisse zwischen ihm und dem Erblasser nicht erloschen und bestehen weiter.[1])

Dasselbe gilt im Fall der testamentarischen Erbfolge und wenn dem Ernannten wegen Erbunwürdigkeit gemäfs § 2342 die Erbschaft entzogen wird: § 2344:

„Ist der Erbe für unwürdig erklärt, so gilt der Anfall an ihn als nicht erfolgt.

Die Erbschaft fällt demjenigen zu, welcher berufen sein würde, wenn der Erbunwürdige zur Zeit des Erbfalls nicht gelebt hätte; der Anfall gilt als mit dem Eintritte des Erbfalls erfolgt."

Für das Vermächtnis der Forderung oder eines Rechts, das dem Erblasser gegen den Erben zustand, bestimmt B.G.B. § 2175:

„Hat der Erblasser eine ihm gegen den Erben zustehende Forderung oder hat er ein Recht vermacht, mit dem eine Sache oder ein Recht des Erben belastet ist, so gelten die infolge des Erbfalls durch Vereinigung von Recht und Verbindlichkeit oder von Recht und Belastung erloschenen Rechtsverhältnisse in Ansehung des Vermächtnisses als nicht erloschen."

Es ist damit unsere oben[2]) für das gemeine Recht entwickelte Ansicht in der Hauptsache gutgeheifsen, wennschon der Wortlaut der Stelle nicht recht klar ist. Sicher aber ist *Windscheids* Ansicht vom Wiederaufleben der untergegangenen Rechtsverhältnisse fallen gelassen. *Mosler*[3]) nimmt freilich Untergang und später Unterstellung des notwendigen Nichterlöschens an. *Schwedler*[4]) sieht sogar in § 2175 überhaupt nur die Bestätigung des obligatorischen Rechtsverhältnisses zwischen Erben und Vermächtnisnehmer.

---

[1]) *Schwedler*, S. 159 vergleicht die Wirkung des Erbanfalls zutreffend mit einer gesetzlichen negativen Resolutivbedingung.

[2]) S. 21 und S. 47.

[3]) S. 105.

[4]) S. 175 ff.

Wenngleich es nun schwer ist, mit dem Ausdruck des Gesetzbuchs: die erloschenen Rechtsverhältnisse gelten als nicht erloschen — etwas anzufangen, der Sinn der Fiktion, meine ich, ist doch klar. Könnte uns hier nicht die Ersetzung des Wortes: „Erlöschen“ mit „konfundieren“ auf den rechten Weg helfen? Hiefse es: „Die konfundierten Rechtsverhältnisse gelten als nicht erloschen“ — Niemand nehme daran Anstofs. Mir scheint, der Gesetzgeber hat hier konfundieren zu Unrecht wiedergegeben mit: „durch Vereinigung erloschenen“ statt mit „vereinigten, zusammengefallenen“. Dafs seine Absicht die war, nicht Untergang und dann Wiederherstellung, sondern Fortdauer der Rechtsverhältnisse durch die Fiktion auszudrücken, ergiebt die Vorgeschichte des § 2175.

§ 1866 des I. Entwurfs lautet — er behandelt nur den Fall einer Obligation, nicht auch eines dinglichen Rechts! —:

„Ist eine dem Erblasser gegen den Erben zustehende Forderung Gegenstand des Vermächtnisses, so ist das Schuldverhältnis in Ansehung des Vermächtnisses nicht als durch Vereinigung erloschen anzusehen.“

Und ebenso klar bemerken die Motive [1]) dazu: „Mit Rücksicht auf die Nichtanerkennung des Vindikationslegats ist es erforderlich, auszusprechen, dafs wenn eine dem Erblasser zustehende Forderung gegen den Erben Gegenstand des Vermächtnisses ist, das Schuldverhältnis in Ansehung des Vermächtnisses nicht als durch Vereinigung erloschen anzusehen ist. Ohne die Vorschrift würde die bezeichnete Forderung durch Vereinigung von Forderung und Verbindlichkeit in derselben Person stets erlöschen. Die Forderung würde nicht Gegenstand des Vermächtnisses sein können und die etwa vorhandenen accessorischen Rechte würden untergehen. Dieser Erfolg mufs verhindert werden.“

Berücksichtigt man dabei noch, dafs die Motive an anderer Stelle, wo sie von der regelmäfsigen Wirkung der Konfusion sprechen,[2]) unseren Paragraphen als Beweis dafür anführen, dafs „der Vereinigung aus besonderen Gründen die gewöhnliche Wirkung ganz oder in relativer Weise versagt ist“, so wird immer klarer, dafs es sich hier nur um eine falsche Fassung eines an sich zutreffenden Rechtssatzes handelt. Möglich, dafs die geschraubte Ausdruckweise gewählt ist, um den Gegensatz zur regelmäfsigen Wirkung anzudeuten.

Die Rechtsverhältnisse zwischen Erben und Erblasser bestehen also für das Vermächtnis fort,[3]) d. h. sie ruhen, bis sie in

---

[1]) V, S. 176.

[2]) II, S. 117.

[3]) Vgl. *Schwedler*, S. 173 als Auffassung der Motive.

die Hand des Vermächtnisnehmers kommen. Aber nach bürgerlichem Recht bestehen sie auch mit einer im gemeinen Recht nicht angenommenen Einschränkung: nur in Ansehung des Vermächtnisses. Die Festsetzung solchen relativen Bestandes ist sehr angebracht[1]) und nach den Motiven[2]) erfolgt, um dadurch die Forderung einer Pfändung seitens der Gläubiger des Erben zu entziehen.

Auch die Vorschrift des B.G.B. über die Wirkung der Konfusion bei der Nacherbschaft entspricht unserer obigen Darstellung. § 2143:

„Tritt die Nacherbfolge ein, so gelten die infolge des Erbfalls durch Vereinigung von Recht und Verbindlichkeit oder von Recht und Belastung erloschenen Rechtsverhältnisse als nicht erloschen."

Die fiktive Form des Satzes besagt hier nichts anderes als beim § 2175 und der Auffassung, dafs wir es auch hier, weil die Vereinigung keine unwiderrufliche ist, mit einem Nichterlöschen[3]) und folgeweise bis zum Eintritt der Nacherbschaft mit einem Ruhen der Rechte zu thun haben, kommen die Motive[4]) entgegen.

Sie sagen: „Die Vorschrift, dafs die Wirkungen der Vereinigung von Forderung und Schuld mit Eintritt der Nacherbfolge beseitigt werden, entspricht dem geltenden Recht. Dabei weisen sie besonders auf A.L.R. I, 16 § 481 hin, der lautet:

„Wenn die Vereinigung durch Erbgangsrecht erfolgt ist; und die Erbschaft einem nachgesetzten Erben herausgegeben werden mufs: so gelangen die Rechte und Verbindlichkeiten des ersten Erben gegen die Masse wieder zu Kräften."

Wenn die Motive zum § 1833 E. I — der inhaltlich nicht vom Gesetzbuch abweicht — von Wiederherstellung des Rechts reden und in einem Zusatz noch ausdrücklich gesagt war: „Erforderlichenfalls ist ein solches Recht wiederherzustellen", weil unter Umständen die besondere Wiederherstellung notwendig werden kann, — so ist darauf kein Gewicht zu legen. Denn bei der allgemeinen Besprechung der Wirkung der Konfusion führen die Motive[5]) unseren Paragraphen als einen Fall an, „dafs das Schuldverhältnis mit der Wiederaufhebung der Vereinigung wieder in Kraft trete, falls die Vereinigung infolge eines besonderen Umstandes kraft Gesetzes keine endgültige sei". Und in der II. Kommission war man sich bei Streichung des Paragraphen, der die regelmäfsige Wirkung der Konfusion bei der Obligation vorschrieb,

---

[1]) A. A. *Schwedler*, S. 173.
[2]) V, S. 177.
[3]) *Schwedler*, S. 169 nimmt resolutiv bedingten Untergang an.
[4]) V, S. 123.
[5]) II, S. 117.

der Ausnahmestellung unseres Satzes hier wohl bewufst.[1]) Endlich ist in der II. Kommission der Zusatz, der die falsche Auffassung besonders betonte, gestrichen worden,[2]) weil für ihn kein Bedürfnis vorliege. Es werde ein Fall, auf welchen die Vorschrift Anwendung finden würde, nicht vorkommen.

Dafs der Fortbestand der Rechte bei der Nacherbfolge kein blofs relativer, sondern ein absoluter ist, beruht auf dem festen Rechte des Nacherben, zu dem die frühere Anwartschaft des Universalfideikommissars erstarkt ist.

Das B G.B. giebt dem Erben und den Nachlafsgläubigern die Möglichkeit, im einseitigen Interesse Sonderung des Eigenvermögens von dem Nachlafs durch Nachlafsverwaltung oder -konkurs zu erreichen und bestimmt im § 1976:

„Ist die Nachlafsverwaltung angeordnet oder der Nachlafskonkurs eröffnet, so gelten die infolge des Erbfalls durch Vereinigung von Recht und Verbindlichkeit oder von Recht und Belastung erloschenen Rechtsverhältnisse als nicht erloschen."

Wieder tritt uns die fiktive Fassung der beiden vorigen Sätze entgegen! Zwar hier ist nicht zu leugnen, dafs der Erbe in der That Erbe geworden ist — und bleibt! —, dafs demnach im Augenblick des Antritts Konfusion eingetreten ist. Konfusion setzt aber Zusammentreffen von Recht und Pflicht aus einem unwiderruflichen Rechtsgrunde voraus. Nun wird es zu Wege gebracht, dafs die beiden Massen, in deren einer sich die Berechtigung, in der anderen die Verpflichtung befand, garnicht zusammengeflossen sind, weil die Sonderung auch auf den Moment des Erbfalls zurückwirkt, obwohl das Konfusionssubjekt Erbe geworden ist. Denn ihm ist die Verwaltungs- und Verfügungsbefugnis über den Nachlafs entzogen gemäfs § 1894 und § 6 der neuen K.O. So ist diesmal also die Fassung des Gesetzbuchs eine richtige Wiedergabe der thatsächlichen Verhältnisse. Die Rechte waren erloschen, weil eine gewöhnliche Erbfolge eintrat. Nachträglich stellt sich aber heraus, dafs thatsächlich eine Vereinigung der beiden Seiten des Rechtsverhältnisses, also die Voraussetzung der Konfusion, nicht eingetreten ist: „Die Vereinigung erlischt mit Rückwirkung."[3])

Deshalb bestimmt auch der § 225 Abs. 1 der neuen Konkursordnung entsprechend § 205h Abs. 1 der geplanten Änderungen der alten K.O.:

---

[1]) Vgl. *Mosler*, S. 106.

[2]) Protok., S. 6829; Buchausgabe Lieferung 5, S. 131.

[3]) Motive, V, S. 631. Vgl. dazu *Mosler*, S. 112. — *Schwedler*, S. 164 sieht in den Bestimmungen nur eine Billigkeit, weil der Erbe noch nicht befriedigt ist.

„Der Erbe kann die ihm gegen den Erblasser zustehenden Ansprüche geltend machen."

Auch dieser Fall stellt sich eben als eine Ausnahme von der Wirkung der Konfusion dar.[1]) Eine Besonderheit enthält noch § 1990 Abs. 1:

„Ist die Anordnung der Nachlafsverwaltung oder die Eröffnung des Nachlafskonkurses wegen Mangels einer den Kosten entsprechenden Masse nicht thunlich oder wird aus diesem Grunde die Nachlafsverwaltung aufgegeben oder das Konkursverfahren eingestellt, so kann der Erbe die Befriedigung eines Nachlafsgläubigers insoweit verweigern, als der Nachlafs nicht ausreicht. Der Erbe ist in diesem Fall verpflichtet, den Nachlafs zum Zwecke der Befriedigung des Gläubigers im Wege der Zwangsvollstreckung herauszugeben."

§ 1991 Abs. 2: „Die infolge des Erbfalls durch Vereinigung von Recht und Verbindlichkeit oder von Recht und Belastung erloschenen Rechtsverhältnisse gelten im Verhältnisse zwischen dem Gläubiger und dem Erben als nicht erloschen."

Hier ist also nur relative Wirkung vorgesehen. Richtig führt *Mosler*[2]) als Grund an, dafs hier nicht wie bei der Nachlafsverwaltung oder dem -konkurs ein öffentliches Interesse besteht, sondern nur ein privates Rechtsgeschäft zwischen Gläubiger und Erben vorliegt, so dafs die Vereinigung auch nur im Verhältnis zwischen ihnen wirkungslos sein kann.

Schliefslich trifft das Gesetzbuch noch Bestimmungen über den Erbschaftskauf.

Auch nach den neuen Reichsrecht ist die juristische Konstruktion des Instituts die gleiche, wie nach dem römischen Recht, wenn auch die klare Vorschrift des § 488 des Entw. I trotz der Billigung auch der folgenden Kommissionen im Gesetzbuch keinen Platz gefunden hat. In der Reichstagsvorlage hiefs es noch im § 2345:

„Durch den Erbschaftskauf werden die Parteien verpflichtet, einander zu gewähren, was sie haben würden, wenn an Stelle des Verkäufers der Käufer Erbe geworden wäre."

Der Erbschaftskäufer wird also Erbe mit allen Rechten und besonders mit allen Pflichten den Nachlafsgläubigern gegenüber. Zu dem Zweck ist der Erbe verpflichtet gemäfs § 2374, dem Käufer die ganze Erbschaft in dem Stande, wie er sie zur Zeit des Verkaufs besitzt bezw. bei gewöhnlicher Verwaltung besitzen würde (§ 2375), herauszugeben. Die Rechtsverhältnisse aber, die zwischen

---

[1]) Vgl. Motive, II, S. 117.

[2]) S. 113. — *Schwedler*, S. 180 folgert aus der Pflicht zur Herausgabe und § 1991 Abs. 2 gleich das Recht des Erben, die im Nachlafs enthaltene spezielle Sache, die ihm der Erblasser schuldete, aus dem Nachlafs zurückzubehalten.

ihm und dem Erblasser bestanden, kann er nicht herausgeben, denn sie sind im Augenblick des Antritts erloschen. Deshalb bestimmt § 2377:

„Die infolge des Erbfalls durch Vereinigung von Recht und Verbindlichkeit oder von Recht und Belastung erloschenen Rechtsverhältnisse gelten im Verhältnisse zwischen dem Käufer und dem Verkäufer als nicht erloschen . . . .“

Hier ist die Fiktion des Gesetzbuches wieder ganz am Platze. Die nicht mehr bestehenden Rechtsverhältnisse müssen, damit ein Erfolg zwischen den Kontrahenten herbeigeführt wird, so angesehen werden, als ob sie nicht erloschen wären. Dies ist das richtige Prinzip. Und den Weg, auf dem dies zu erreichen ist, deutet der zweite Satz des Paragraphen an:

„Erforderlichen Falles ist ein solches Rechtsverhältnis wiederherzustellen.“

Die Kontrahenten sind verpflichtet, die Rechtslage so zu gestalten, als ob im Augenblick des Todes des Erblassers nicht der Verkäufer, sondern der Käufer Erbe gewesen wäre.

Da der Erbschaftskauf sich aber als ein gewöhnlicher Vertrag nur über einen eigenartigen Gegenstand darstellt, erstreckt sich die gegenseitige Leistungspflicht auch nur auf die unmittelbar die Parteien berührenden Rechte. „Die unter den Parteien eintretende Wiederaufhebung der Wirkungen der Konfusion wirkt zwar rückwärts, berührt aber selbstverständlich die von Dritten erworbenen Rechte (z. B. Befreiung von Bürgen und Pfändern) nicht.“ [1]

In Wirklichkeit sind die Rechtsverhältnisse zwischen Erben und Erblasser untergegangen und damit alle Accessionen durchaus und für immer erloschen. Durch den Erbschaftskauf soll nur ein Personenwechsel stattfinden.

Wenn im jetzigen Text des § 2377 der aus dem Wesen des Erbschaftskaufs von selbst folgende Satz [2]) noch ausdrücklich durch die Worte: „im Verhältnis zwischen dem Käufer und dem Verkäufer“ bestätigt wird, so ist das in Anbetracht der Klarheit, die damit die Vorschriften des Gesetzbuches gewinnen, nur zu billigen. [3])

---

[1]) Motive, II, S. 365.

[2]) A. A. *Mosler*, S. 114 Anm. 2.

[3]) Es ist wohl der Auslegung der erbrechtlichen Vorschriften des B.G.B., wie sie im Text versucht ist, nicht allgemein vorzuwerfen, dafs die stets gleichlautende Wortfassung: „erloschene Rechtsverhältnisse gelten als nicht erloschen“ mehrmals verschieden gedeutet ist. Im Sinne des Gesetzbuchs ist die Fassung keine technische, d. h. ein für allemal in der Bedeutung festgelegte. Darum ist jedesmal das Wesen der verschieden gearteten Rechtsinstitute, für die Konfusion eintritt, als ausschlaggebend anzusehen. Der an sich so farblose Ausdruck „gelten“ pafst, so angesehen, recht gut. Und die Motive (II, S. 117) sagen ausdrücklich: Diese Fälle lassen sich einer allgemeinen Regel nicht unterordnen.

## § 19. 5. Unechte Konfusion.

Obwohl das B.G.B. keine Bestimmungen über die Wirkungen der unechten Konfusion trifft, sei der Vollständigkeit halber doch hier der Rechtslage im künftigen Reichsrecht gedacht.

Treffen mehrere Berechtigungen oder Verpflichtungen eines Korrealverhältnisses in einer Person zusammen, so bleiben sie neben einander bestehen. Derjenige, in dessen Person das Zusammentreffen erfolgt, ist nun entsprechend den mehreren Anteilen berechtigt oder verpflichtet.

Bei der Vereinigung von Schuld und Bürgschaft bestimmte § 678 des I. Entwurfs:

„Wird der Hauptschuldner von dem Bürgen oder dieser von jenem beerbt, so besteht die Bürgschaft insoweit fort, als ihr Fortbestehen für den Gläubiger ein Interesse hat.“

Die Motive[1]) rechtfertigen diese Vorschrift einmal mit dem äufserlichen Gesichtspunkt, dafs der nach der Natur der Sache anscheinend nicht anfechtbare (?) Satz, Niemand könne sein eigener Bürge sein, den Untergang der Bürgschaftsverpflichtung rechtfertigen würde. Es sei also zum mindesten rätlich, die aus dem römischen Rechte übernommene Bestimmung des § 678 aufzunehmen. Ihre Angemessenheit unterliege keinem Bedenken; für den Gläubiger sei sie von der gröfsten Bedeutung, namentlich in den Fällen, wenn für die Bürgschaftsverpflichtung besondere Sicherheiten beständen. Für das römische Recht sei streitig, ob im Falle des § 678 die Nachbürgschaft bestehen bleibe. Durch den Entwurf sei für die Fortdauer der Nachbürgschaft entschieden.

Trotzdem ist der Paragraph von der II. Kommission gestrichen worden. Man erwog,[2]) dafs wenn sich auch theoretisch aus dem Begriffe der Bürgschaft ein Zweifel herleiten lasse, ob erstere hier nicht untergehe, so werde doch eine unbefangene Gesetzanwendung nicht verkennen, dafs hier die Rechte des Gläubigers nicht berührt würden, ohne dafs es eines gesetzlichen Anhalts bedürfe. In welcher Weise Wissenschaft und Praxis sich das Fortbestehen der Gläubigerrechte zurechtlege, sei gleichgültig.

Als Anhalt wäre aber eine Bestimmung im Gesetzbuch recht erwünscht bei den vielen alten Streitfragen und der in der That wenig befriedigenden Lösung der Quellen.[3]) Die Bestimmung im Entwurf erschien dazu ganz zweckmäfsig.

Jetzt wird man sagen müssen, dafs begrifflich einem Neben-

---

[1]) II, S. 678.

[2]) Protokolle, S. 2534.

[3]) Vgl. *Mosler*, S. 115.

einanderbestehen der beiden Verbindlichkeiten nichts im Wege steht. Denn im B.G.B. ist der für das römische Recht zutreffende Satz: „Niemand kann sein eigener Bürge sein“ abgeschwächt dahin, dafs sich niemand für seine eigene Schuld von Anfang an als Bürgen stellen kann (§ 765). Dann aber, wenn die Bürgschaftsobligation neben der Hauptobligation fortbestehen kann, ist auch nicht aus allgemeinen Grundsätzen zu entnehmen, warum sie blofs relativ fortbestehen sollte, wie im I. Entwurfe bestimmt war. Die Bürgschaft besteht demnach absolut neben der Hauptschuld, folglich auch ihre Accessionen. Durch den absoluten Fortbestand der Bürgschaft werden die Rechte des Gläubigers sicherlich nicht berührt.

Dennoch aber zeigt es sich hier, wie schon mehrfach, dafs die II. Kommission aus Besorgnis, zu doktrinär und kasuistisch zu werden, manche Bestimmungen als „selbstverständlich“ gestrichen hat, die jetzt beim Fehlen und der Unmafsgeblichkeit der An- und Absichten der Redaktoren durchaus nicht beachtet, meist aus allgemeinen Erwägungen heraus verworfen werden.

Druck von Herrosé & Ziemsen in Grafenhainichen.

FSC
www.fsc.org
MIX
Papier | Fördert gute Waldnutzung
FSC® C083411

Kolibri 360 GmbH
Ferdinand-Jühlke-Straße 7
99095 Erfurt, Deutschland
produktsicherheit@kolibri360.de